Zwölf Menus

Geistliche Inputs für deinen Tag

serviert als Menüs, passend zu deiner Stimmung.

Philipp Kohli, Köniz 2016

© 2016
Herstellung und Verlag: BoD – Books on Demand, Norderstedt.
ISBN: 9783743138766

Story zum Buch

Am 3. März 2006 schrieb ich meinen ersten Artikel in meinem Blog. Mit diesem Buch feiere ich mein 10-jähriges Jubiläum.

Mein durchgängiges Thema bildet der Draht zu Gott. Auf **www.gotteskuss.ch** veröffentliche ich regelmäßig geistliche Impulse. Natürlich hoffe ich, dass der Titel auch erlebbar wird und die Beiträge als Kuss von Gott empfunden werden.

Oft sind es Zeitungsartikel oder persönliche Erlebnisse, die mich zu einem Text inspirieren. Immer mit dem Ziel die Alltagserfahrung mit einer biblischen Botschaft zu verbinden.

Mein Bloggen hängt mit meinem Beruf zusammen. Ich arbeite als Pfarrer in der Evangelisch Freikirchlichen Gemeinde in Bern. Der Blog ist mein Weg, die Botschaften aus meinen Predigten weiteren Menschen zugänglich zu machen; als kurze und leicht lesbare Impulse.

Mit den zwölf Menüs habe ich nun eine Auswahl dieser Kurzinputs in Themengruppen eingeteilt und fürs Lesen als Buch überarbeitet.

Dieses Buch bietet dir die zwölf Menüs als Futter für deine Seele an: Geistliche Impulse die zu deiner Stimmung passen. Du wählst, was dir gefällt. Der Rest kommt dran, wenn du wieder Appetit verspürst.

Die Menüs laden dich an Jesu Tisch ein. Erstaunlich, wie oft im Neuen Testament vom Essen die Rede ist. Immer wieder lesen wir von Jesus, wie er mit Menschen zusammen isst. Offenbar war es den biblischen Autoren wichtiger, über die Partys mit Jesus zu schreiben, als alle möglichen theologischen Fragen zu klären.

Eine dieser phantastischen Jesus-Partys ist im Lukasevangelium beschrieben (9,12-17). Mehr als 5000 Menschen waren mit Jesus ins Grüne gewandert. Sie hörten spannende Inputs und am Ende des langen Tages hatten sie auch großen Hunger. Nur hatte offenbar niemand im Voraus geplant: Es gab kein Essen für die vielen hungrigen Menschen. In dieser Situation wirkte Jesus – wie so oft - Wunder. Er nahm zwei Fische und fünf Brote eines kleinen Jungen und bereitete daraus ein Abendessen für alle Anwesenden. Mehr als genug: zwölf Körbe voller Essen blieben übrig.

Dieses Buch bietet dir einen Blick in diese zwölf Körbe. Angerichtet in Menü-Form, Futter für deine Seele. Jeder Korb beinhaltet ein Sammelsurium an Gedanken, Geschichten und Bibeltexten. Nimm dir das raus, was dir gefällt. Und wenn es dir nichts zu sagen hat, geh zum nächsten Korb.

Jedes der zwölf Menüs trägt einen Titel. Ein paar Worte, die ein wesentliches Thema des christlichen Glaubens umreißen. Klar gibt es mehr und sicher auch bessere Begriffe. Diese hier sind diejenigen, die zu mir passen und die in meinem bisherigen Leben eine Rolle gespielt haben. Es sind meine ganz persönlichen Anknüpfungspunkte, an denen ich meine Beziehung zu Jesus festmache.

Inhalt

Story zum Buch 3

Menü 1: Fröhlich 12

    Vorspeise: 100 hübsche Missen 16

    Hauptspeise: Ein glücklicher Gewinner 17

    Dessert: Billy Bray 1794-1868 19

Menü 2: Melancholisch 22

    Vorspeise: Novemberstimmung 26

    Hauptgang: Alter Mann mit junger Kuh 27

    Dessert: Der tote Jesus 29

    Weinempfehlung: Thomas durfte zweifeln 31

Menü 3: Romantisch 33

    Vorspeise: Ist Gott schön? 37

    Hauptgang: Flaschenpost 38

    Dessert: Gotteskuss 40

Menü 4: Abenteuerlustig 42

    Vorspeise: Die schwarze Piste 46

    Salat: Mutig, mutig 48

    Hauptgang: Eddie Aikau 50

    Dessert: Input mit Götze und Schweinsteiger 52

    Weinempfehlung: Jesus macht „all-in" 54

Menü 5: Dünnhäutig 56

    Vorspeise: Mein Teddy 60

    Salat: Mit Borussia Dortmund im Training 62

    Hauptgang: Gewitterzelle 63

Dessert: Rotes Lämpchen bremst schnellen Porsche 65

Weinempfehlung: Das verwundete Herz 66

Menü 6: Enttäuscht 68

Vorspeise: Metallfeder im Käse und Silex im Finger 72

Salat: Kleiner Fehler, große Wirkung 75

Hauptgang: Wenn das Leben auseinanderbricht 78

Dessert: Teure Kamera 80

Weinempfehlung: Zähneputzen nicht vergessen 82

Menu 7: Verloren 84

Vorspeise: Vermisst 88

Salat: Angriff in Falludscha 91

Hauptgang: Vom Dunkeln ans Licht 93

Dessert: Retter macht sich schmutzig 96

Weinempfehlung: Wein rettet 98

Menu 8: Einsam 100

Vorspeise: Hagar 104

Hauptgang: Gemeinsam sind wir stark 105

Dessert: The Little Church around the Corner 108

Weinempfehlung: Christen sind ein bunter Haufen 110

Menu 9: Beschenkt 112

Vorspeise: Lobpreis am Morgen 116

Hauptgang: Hanna hat den Überblick 118

Dessert: Bäume loben Gott 121

Weinempfehlung: Gottes Bijouterie 122

Menu 10: Gestresst 126

Vorspeise: Lobpreis zuerst 130

Salat: Chef nimmt Auszeit – zum Glück 131

Hauptgang: Gottes Stimme hören 133

Dessert: Gebetsachterbahn 135

Weinempfehlung: Schlaf gut 136

Menu 11: Orientierungslos 138

Vorspeise: Luxusuhr im Gully 142

Salat: Was tun Christen 143

Hauptgang: …und du sollst ein Segen sein 145

Dessert: Licht der Welt 147

Weinempfehlung: Schönheitskonkurrenz 148

Menu 12: Vergänglich 150

Vorspeise: Ewiger Kalender 154

Hauptgang: Willkommen im Himmel 155

Dessert: Auf Wanderschaft 157

Anhang 159

Bildnachweise 159

Quellenangaben 159

Dank 161

Kontakt 162

Ende Januar 2009 ereignete sich in Limbach-Oberfrohna (D) ein spektakulärer Unfall. Ein 23jähriger Mann fuhr mit seinem Auto viel zu schnell. Er erwischte eine Kurve nicht mehr und raste direkt in eine Grasböschung. Der gefrorene Boden wirkte wie eine Sprungschanze. Er hob mit seinem Fahrzeug ab, flog 35 Meter weit und landete direkt auf dem Dach der Kirche.

Zufällig beobachteten zwei Polizisten den Unfall und alarmierten sofort Sanität und Feuerwehr; mit einem Kran, denn der Fahrer war in sieben Metern Höhe im Kirchendach stecken geblieben. Er konnte schwerverletzt gerettet werden.

Dazu las ich ein interessantes Interview eines Reporters mit Johannes Schubert, dem Pfarrer der beschädigten Kirche . Dieser sagte, dass es ein doppeltes Wunder sei. Zum einen, dass der junge Mann überlebt hatte und zum anderen, dass an der Kirche kein größerer Schaden entstanden sei und nicht zu brennen angefangen habe.

Auf die Frage, ob er dem Fahrer böse sei, antwortete der Pfarrer, dass es ihm wichtiger sei, dass der Fahrer wieder ganz gesund werde. Man würde im nächsten Gottesdienst für seine Genesung beten. Und übrigens sei es so, dass Gott Sündern vergebe.

Das ist die erste Lektion im christlichen Glauben: Egal ob du gut frisiert zur Tür hineinkommst oder ob du nachts mit dem Auto ins Dach donnerst - Du bist willkommen!

Ein fröhliches, lockeres Menü: Leichtverdaulich und mit einem Augenzwinkern versehen.

Vorspeise

100 hübsche Missen ein überraschender Text mit einer Prise Erotik. Diese Vorspeise vermittelt dir die Tatsache, dass Gott überschwänglich Freude an dir hat.

Hauptspeise

Ein glücklicher Gewinner ist ein Text für alle, die nicht perfekt sind und doch immer wieder vom Leben überrascht werden. Mit dieser Hauptspeise kaust du auf dem Glück herum, dass Gott immer für eine Überraschung gut ist.

Dessert

Billy Bray ist die Lebensgeschichte eines Pfarrers, der jauchzt und tanzt. Dieses Dessert dient als Vorbild für Lebensfreude und motiviert zum Nachmachen.

Vorspeise: 100 hübsche Missen

Ich besuchte eine Miss-Wahl mit mehr als hundert teilnehmenden Schönheiten. Wow, war das ein Anblick! Ich stand in der ersten Reihe als sich die Ladys vor den kritischen Augen der Jury präsentieren mussten. Im entscheidenden Durchgang hatten sie nicht einmal einen Bikini an, sondern lediglich eine geknüpfte Kordel um den Hals.

Ich bestaunte die langen Wimpern, den wippenden Gang und die fantastische Milchleistung. Es waren Kühe, die hier nach Aussehen, Fitness und vor allem nach Leistung bewertet wurden. Die Bauern führten ihre sauber geputzten Tiere an der Hand vor die Experten. Diese prüften die Eigenschaften kritisch und malten dann die Punktzahl mit einem schwarzen Stift auf die Pobacke der Kuh.

Eine Szene berührte mich. Ein Bauer brachte sein offensichtlich störrisches Rindvieh nur mit Mühe vor die Jury. Diese eigenwillige Kuh-Dame gefiel den Richtern besonders gut und erhielt die maximale Punktzahl.

In diesem Moment stieß der Bauer einen herzhaften Jauchzer aus, so freute er sich über sein Tier. Als er aus dem Ring trat, bemerkte eine Frau, wahrscheinlich die Ehefrau des Bauern: „Gell, jetzt ist es dir egal, dass sie so schwierig ist!"

Der jauchzende Bauer erinnerte mich an die Worte des Propheten Zefanja. Er schrieb, dass sich Gott mit Jauchzen freue, wenn er an uns denkt. Und das unabhängig von der Milchleistung!

Gott freut sich über uns Menschen – einfach weil wir seine Geschöpfe sind und er uns herzlich lieb hat. Und ähnlich wie der Bauer mit seiner störrischen Kuh, hält es Gott aus, dass wir manchmal schwierig sind. Gute Nachricht – nicht wahr?

Denn der Herr, dein Gott, ist bei dir, ein starker Heiland. Er wird sich über dich freuen und dir freundlich sein, er wird dir vergeben in seiner Liebe und wird über dich mit Jauchzen fröhlich sein. Zefanja 3,17 LUT

Hauptspeise: Ein glücklicher Gewinner

Steven Bradburys Sport ist Eisschnelllauf. Eine außergewöhnliche Wahl für einen Australier. Dieses Land ist ja nicht gerade bekannt für Eis und Schnee.

In seiner Karriere hatte er es nicht immer leicht. Zweimal hatte er einen schweren Unfall. 1995 schnitt die Kufe eines anderen durch sein Bein und er verlor mehrere Liter Blut. Im September 2000 schlitterte er nach einer Kollision kopfvoran in eine Bande und brach sich den 4. und 5. Halswirbel. Nach diesem Unfall sagten ihm die Ärzte, dass er nie wieder auf dem Eis stehen würde.

Aber Steven Bradbury gab nicht auf und er kämpfte sich zurück, so dass er 2002 in Salt Lake City wieder an den Olympischen Spielen teilnehmen konnte. Im Kurzrennen über 1000 Meter hätte niemand auf ihn gewettet.

Er ging als Außenseiter in die Wettkämpfe. Den Halbfinal erreichte er nur, weil ein anderer Sportler disqualifiziert wurde. Im Halbfinal konnte er nicht mithalten und fiel weit zurück. Doch als drei Läufer vor ihm stürzten, war er plötzlich als Zweiter im Ziel und für den Final qualifiziert.

Ziemlich viel Glück für einen Außenseiter aus Australien. Seine Konkurrenten im Final waren alle um Klassen besser und Bradbury lief das Rennen von Beginn weg auf der letzten Position. Bis sich die Ereignisse in der letzten Kurve buchstäblich überschlugen. Ein Massensturz fegte alle Konkurrenten vom Eis und Bradbury überquerte als erster die Ziellinie. Er gewann Gold! Bradbury konnte es selbst kaum fassen. In einem späteren Interview sagte er: „Ich war ja offensichtlich nicht der Schnellste. Aber ich nehme diese Goldmedaille nicht für diese Minute auf dem Eis, sondern für die Ochsentour der letzten zehn Jahre."

Der glückliche Gewinn der Goldmedaille von Steven Bradbury hat mich an eine Passage aus der Bibel erinnert: **„Die Letzten werden die Ersten sein!"**, sagt Jesus in Matthäus 19,30 LUT. Und er meint damit, dass wir uns den größten Gewinn im Leben nicht erarbeiten können.
Von Gott angenommen zu sein ist das größte Geschenk – und ein Gewinn, der sogar Olympisches Gold überdauert.

Dessert: Billy Bray 1794-1868

Sein Vater starb früh und Billy wurde von seinem Großvater aufgezogen. Er besuchte keine Schule und konnte weder lesen noch schreiben. Mit 17 zog er aus und begann in einer Mine in Cornwall zu arbeiten. Ob wegen der miesen Arbeitsbedingungen oder einfach aus Geltungsdrang: Billy hatte schon bald den Ruf eines Säufers und Schlägers. 1821 heiratete er Johanna und gründete eine Familie. Während dieser Zeit versank er immer tiefer in der Alkoholsucht und vernachlässigte seine Familie.

Jede Nacht musste ihn seine Frau aus den Pubs nach Hause holen. In der Mine, in der er arbeitete, brach 1823 eine Deckenkonstruktion ein und die herunterstürzenden Teile schlugen nur knapp neben Billy in den Boden ein. Das Wissen, so knapp dem Tode entronnen zu sein, erschütterte sein Leben. Er erkannte, dass sein Leben ein Desaster und sein Herz verloren war.

In einer der darauf folgenden Nächte fand Billy keinen Schlaf. Seine Sehnsucht nach Gott war grösser. Gegen drei Uhr am Morgen kniete er an seinen Bettrand und begann zu beten. Was er in dieser Nacht mit seinem Schöpfer besprochen hat ist nicht überliefert. Aber etwas Besonderes muss passiert sein. Offenbar hat Billy von Gott eine zweite Chance geschenkt erhalten. Sein Leben veränderte sich darauf von Grund auf. Am nächsten Tag kam er zum ersten Mal nüchtern von der

Arbeit nach Hause. Und vom nächsten Gehalt kaufte er sich keinen Alkohol mehr.

Mehr noch, eine unbändige Lebensfreude erfüllte ihn fortan. Er lachte viel, sang und jauchzte oft. Und dazu tanzte er gerne. In den Gottesdiensten seiner Kirche fiel er bald auf, weil er während der Lieder Freudenschreie ausstieß und fröhlich tanzte. Damit eckte er auch an. Viele Menschen pflegten eine eher nüchterne Frömmigkeit. Doch Billy ging unbeirrt seinen Weg. Er lernte Lesen und Schreiben und wurde ein Prediger in der methodistischen Kirche.

Als solcher wurde er schnell bekannt als der Prediger, der jauchzt und tanzt. Wenn er gefragt wurde, warum er sich so überschwänglich aufführe, antwortete er: „Ich kann nicht aufhören, Gott zu loben. Wenn ich die Straße entlang gehe und den einen Fuß hebe, dann habe ich das Gefühl dass er „Herrlichkeit" sagt und wenn ich den anderen hebe, höre ich „Amen". So geschieht das, wenn ich gehe... Gott hat mich glücklich gemacht und niemand kann mich traurig machen. Er macht, dass ich jauchze und niemand kann mich daran zweifeln lassen. Er ist es, der mich tanzen und hüpfen lässt. Da ist niemand, der meine Füße auf dem Boden halten kann... Sogar wenn sie mir die Füße abschneiden würden, würde ich die Stummel in die Höhe heben!"

So viel Fröhlichkeit wirkte ansteckend. Seine Predigten waren gut besucht. Er inspirierte viele Menschen zu einem Lebensstil voller Freude, Hoffnung und Hingabe an den Nächsten. Dazu gehörte auch, dass Billy Bray zwei Waisenkinder in seine Familie aufnahm.

Von seinem Sterbebett ist ein Dialog zwischen ihm und seinem Arzt überliefert. Nachdem dieser ihm mitgeteilt hatte, dass er nicht mehr lange zu leben habe, sagte er: „Herrlich! Herrlich ist Gott! Bald werde ich im Himmel sein!" Und später sagte er: „Selbst wenn ich nach dem Tod in die Hölle kommen sollte, würde ich dort Gott solange preisen, …bis es selbst dem Teufel zu viel würde und der zu mir sagte, Billy, Billy, das hier ist nicht dein Platz: Hau ab in den Himmel! Und dort würde ich dann Gott erst recht preisen!"

Menü 2
Melancholisch mit einer Prise Blues

Das Menu für melancholische Momente: Traurig schön und doch nicht hoffnungslos.

Vorspeise

Novemberstimmung ein Text über die Stunden im Nebel, währenddessen wir am liebsten unsere Harfen in die Bäume hängen würden. Mit dieser Vorspeise gibst du den dunklen Stunden Raum und lässt dich auf sie ein.

Hauptgang

Alter Mann mit junger Kuh in diesem Text begleiten wir einen abgekämpften Helden auf einer Reise mit ungewissem Ausgang. Dieser Hauptgang vermittelt Hoffnung wie ein Silberstreifen am Horizont.

Dessert

Der tote Jesus ein Text über die schwärzeste Stunde der Geschichte. Ein Dessert darüber, dass Zweifel manchmal der bessere Glaube sind.

Weinempfehlung

Thomas durfte zweifeln ein Input über Glaubens-Unsicherheit und Zweifel.

Vorspeise: Novemberstimmung

Der November ist nicht sehr beliebt. Am Abend wird es früh dunkel. Die Weihnachtslichter brennen noch nicht und die Nächte sind lang und finster. Am Tag ist es oft neblig und feucht.

Die Novemberstimmung hat aber auch etwas Gutes. In meinen Augen lädt sie uns ein, dass wir zu uns selber finden. Endlich müssen wir mal nicht fröhlich und aufgestellt sein, sondern haben Zeit um unseren melancholischen Gedanken nachzuhängen. Wir können um die verpassten Chancen im Leben trauern; mitleiden im Elend das in unserer Welt passiert; oder einfach mal in den Nebel hinausschauen und nicht auf alles eine Antwort haben.

Der November ist für mich der Monat, in dem wir die Harfen in die Bäume hängen und ans Flussufer sitzen um zu weinen.

Die Harfen in die Bäume hängen und am Flussufer weinen, diese Szene kommt aus dem Psalm 137 in der Bibel. Das ist das, was die Israeliten in einem fremden Land als Sklaven erleben mussten. Man zwang sie, auf ihren Instrumenten fröhliche Lieder zu spielen. Dabei stand ihnen das Weinen zuvorderst. Darum sind sie in ihren freien Minuten ans Flussufer gegangen, hängten ihre Instrumente in die Bäume und weinten über ihr trauriges Schicksal.

Das ist so richtige Novemberstimmung. Diese Gefühle gehören zu unserem Leben und dürfen ihren Platz haben. Das wusste auch König Salomon. Er hat es so beschrieben: *„**Alles hat seine Zeit: weinen hat seine Zeit und lachen hat seine Zeit; klagen hat seine Zeit und tanzen hat seine Zeit.**"* Prediger 3,4 LUT

Wenn bei dir heute der Novemberblues angesagt ist, dann verzweifle nicht. Versuch, die Stimmung auszuhalten, nimm sie an, weine und vertraue auf Gott. Er sorgt dafür, dass früher oder später auch wieder fröhlichere Zeiten kommen.

Hauptgang: Alter Mann mit junger Kuh

Reisende mit Karren, Reiter zu Pferd und Hirten die ihre Tiere vor sich hertreiben. Eine alltägliche Straßenszene in der Gegend um Jerusalem, 1000 v. Chr.

Da fällt ein alter Mann, der mit einer jungen Kuh zu einem Opferfest unterwegs ist, nicht auf. Ein Reisender unter vielen. Wäre da nicht ein Gepäckstück, das der Mann sorgsam in seinem Mantel versteckt hält. Es ist ein Salbhorn, gefüllt mit wohlriechendem Olivenöl. Dieses Salbhorn macht die Reise zu einem Geheimdienstunternehmen und den Mann zum Staatsfeind Nummer 1.

Der Wanderer ist Samuel und dass er eine Kuh dabei hat, ist seine Tarnung. Samuel ist Prophet und Richter, also ein sehr wichtiger Mann in

Israel. Mit der Kuh gibt er vor, zu einem Opferfest zu gehen. In Wahrheit ist er unterwegs, um einen noch unbekannten jungen Mann zum König zu salben. Hätte der amtierende König Saul davon erfahren, er hätte Samuel wohl auf der Stelle umbringen lassen!

Obwohl für die kurze Strecke nur mit leichtem Gepäck unterwegs, trägt Samuel eine schwere Last. Vielleicht würde er uns davon erzählen, wenn wir ein paar Schritte an seiner Seite gehen würden. Davon, dass seine eigenen Söhne nichts taugen. Er hatte sie als seine Nachfolger eingesetzt, aber statt anderen Menschen zu dienen suchten sie nur ihren eigenen Profit.

An ihrer Stelle salbte Samuel den Saul zum König. Einen hoffnungsvollen, begabten Mann, von dem er erwartet hätte, dass er für Frieden und Gerechtigkeit einsteht. Samuel hatte sich so viel von diesem Mann erhofft – am Ende blieb Enttäuschung und Trauer.

Und jetzt, nach diesen zwei Misserfolgen hat er noch einmal von Gott den Auftrag erhalten einen Nachfolger zu bestimmen. Einen neuen König soll er salben, einen den noch niemand kennt. Kann das gutgehen? Wird das endlich die Persönlichkeit werden, die den Karren aus dem Sumpf zieht? Wer kann daran glauben?

Und doch – in seinem Mantel versteckt liegt das Salbhorn. Das Salbhorn als Symbol der Hoffnung in einer dunklen Zeit. Auch wenn die Erfahrung und alle sichtbaren Zeichen dagegen sprechen – Samuel trägt den Funken Hoffnung auf bessere Zeiten mit sich. Das Salbhorn steht für den Glauben, dass Gott trotz allem menschlichen Versagen ans Ziel kommt. Dass er immer einen Plan B auf Lager hat.

Dieser vom Leben hart geprüfte Samuel mit seinem versteckten Salbhorn hat mich tief berührt. Er hätte allen Grund gehabt, zu Hause zu bleiben, die Hoffnung aufzugeben. Ich hätte ihm keinen Vorwurf machen können. Doch der alte Mann raffte sich auf, füllte sein Salbhorn und machte sich auf den gefährlichen Weg – das ist Glaube!

Dessert: Der tote Jesus

Es ist der Abend eines anstrengenden Tages. Es ist viel los in der Stadt. Vor dem kommenden Feiertag werden noch die letzten Geschäfte gemacht und dann verschwinden die Menschen von den Straßen.

Einer von ihnen hat es besonders eilig. Es ist Josef von Arimathia. Es ist der Abend des Tages, nachdem Jesus Christus gekreuzigt wurde. Josef will Jesus schnell ins Grab legen, da er sonst während des Feiertages tot am Kreuz hätte hängen bleiben müssen. Also holt er sich die Bewilligung der Behörden und eilt zum Hinrichtungsort.

Die Zeit ist knapp. Er löst den Leichnam vom Kreuz und wickelt ihn in ein Tuch. In diesem Moment drücken wir als Zuschauer die Pause-Taste. Wir unterbrechen die hastige Handlung und nehmen uns Zeit, um dieses Bild länger zu betrachten.

Josef, wie er den toten Jesus in den Armen hält. Jesu Körper ist mit Wunden übersät, geschunden und ausgelaugt. Eingewickelt in ein Tuch. Behutsam gehalten von Josef. Ich stelle mir den Gesichtsausdruck von Josef in dieser Sekunde vor: Voller Trauer, Enttäuschung, Wut, Mitleid und tiefer Hoffnungslosigkeit.

Als Jesus noch lebte war das anders. Die Ausstrahlung, die Lebenskraft und der Geist des lebendigen Jesus hatten Josef tief beeindruckt. Davon ist jetzt nichts mehr da. In diesem Moment hält er einen toten Jesus in seinen Armen.

Hast du auch schon einen toten Jesus im Arm gehalten? Zerbrochen, geschunden, verlassen, wertlos und verachtet. Es sind Momente ohne Antworten, ohne Licht, ohne Halt und ohne Hoffnung.

Die christliche Hoffnung ist die Gewissheit, dass die Mitte der Nacht der Anfang eines neuen Tages ist. Josef hat das erlebt. Nach dem Kreuz kommt die Auferstehung. Lassen wir den toten Jesus los. Jesus lebt, er hat den Tod überwunden. Jesus ist auferstanden!

Weinempfehlung: Thomas durfte zweifeln

Thomas war ein Jünger Jesu. Das bedeutete, dass er mehr als drei Jahre zusammen mit Jesus unterwegs war. Zusammen reisen, Abenteuer erleben, feiern und ausruhen – Thomas und Jesus waren beste Freunde.

In der Bibel ist beschrieben, was mit Thomas nach der Auferstehung von Jesus passierte: *„Thomas, einer der zwölf Jünger, der auch der Zwilling genannt wurde, war nicht dabei gewesen, als dies alles geschah. Deshalb erzählten sie es ihm: „Wir haben den Herrn gesehen!" Aber zweifelnd antwortete er: „Das glaube ich erst, wenn ich seine durchbohrten Hände gesehen habe. Mit meinen Fingern will ich sie fühlen, und meine Hand will ich in die Wunde an seiner Seite legen. Eher werde ich es nicht glauben."* Johannes 20,24+25 NGÜ

Wie reagierte Jesus auf diesen Zweifler? Wies er ihn zurecht? Stieß er ihn aus der Gemeinschaft aus? Durfte Thomas zweifeln?

Die Reaktion von Jesus auf das Zweifeln von Thomas überrascht. Keine Vorwürfe und kein Zurechtweisen. Jesus sagte zu Thomas: *„Leg deinen Finger auf meine durchbohrten Hände! Gib mir deine Hand und leg sie in die Wunde an meiner Seite! Zweifle nicht länger, sondern Glaube!"* Johannes 20,27 HFA

Was Thomas durfte, dürfen du und ich auch: Unsere Zweifel ehrlich vor

Gott benennen. Gott als das behandeln, was er ist: Nämlich eine echte, lebendige Persönlichkeit, die nicht verlegen wird, wenn wir Menschenkinder mal ein bisschen frech werden. Wenn Gott wirklich Gott ist, dann hält er unsere Zweifel aus.

Es ist gesund, ein gewisses Misstrauen in seine eigene Glaubenskraft zu haben. Denn so viel ist klar: Wenn man nur auf die menschliche Kraft vertraut, wird das mit dem Gläubig-Sein nichts. Erfüllende Spiritualität ist keine Ware, nichts was wir zur Hand haben und darüber verfügen können. Glaube ist keine Leistung sondern Gottes Gnade.

Glaube ist und bleibt Geschenk – unverdient, und das ist gut so.

Das Menu für Genießer: Trunken vor Liebe und Glück.

Vorspeise

Ist Gott schön ein Gedanke zur Anziehungskraft Gottes. Mit dieser Vorspeise denkst du darüber nach, ob du dich in Gott verlieben könntest.

Hauptgang

Flaschenpost ein Input über Gottes Liebesangebot an dich. Mit dieser Hauptspeise begegnest du einem Gott, der nie aufgehört hat dich zu lieben.

Dessert

Gotteskuss ein Text über einen Gott der Menschen küsst. Mit diesem Text ist mein Blog **www.gotteskuss.ch** 2006 gestartet – jetzt gibt es ihn als Dessert!

Vorspeise: Ist Gott schön?

Einerseits verbietet uns Gott in den 10 Geboten, dass wir uns ein Bild von ihm machen. Andererseits steht im Hebräerbrief, dass Jesus, der Sohn Gottes, in unserer Welt sichtbar mache, was Gott in der unsichtbaren Welt ist. Jesus konnte man anschauen – schade nur, gab es damals noch keine Fotoapparate. Wie hat Jesus wohl ausgesehen? War er hübsch?

In den prophetischen Schriften des Alten Testaments gibt es einige Hinweise darauf, wie Jesus möglicherweise ausgesehen hat. Im Kapitel 53 des Buches des Propheten Jesaja steht, dass man Jesus während seiner Leidenszeit nicht gerne angeschaut habe. Er wurde verachtet und die Menschen drehten sich weg, wenn sie ihn sahen. Im Psalm 45,2 dagegen ist nicht vom leidenden, sondern vom auferstandenen Jesus die Rede. Dort steht über ihn geschrieben:

„Du bist der Schönste unter den Menschenkindern, voller Huld sind deine Lippen!" LUT

Der auferstandene Jesus ist von einer Schönheit, die es noch nie gab. Er würde jede „Mister-Wahl" mit Abstand gewinnen! Und die inneren Werte dieses himmlischen Schönlings sind damit erst am Rande erwähnt. Die Formulierung „voller Huld sind deine Lippen" weist ja auch auf die Freundlichkeit, das Wohlwollen und die Gnade von Jesus hin.

Gott sieht gut aus. Es ist eine Freude ihn anzuschauen. Für mich ist das aus einem bestimmten Grund wichtig: In der Offenbarung des Johannes, dem letzten Buch der Bibel, wird der Himmel mit einem Hochzeitsfest verglichen. Jesus ist der Bräutigam und er feiert mit seiner Braut. Mit der Braut meint der Bibeltext alle Menschen, die Jesus in ihrem Leben nachfolgen. Da ist es doch gut zu wissen, dass uns im Himmel kein garstiger Kerl, sondern ein wunderschöner Bräutigam erwartet!

Hauptgang: Flaschenpost

Anfang März 2011 spazierte der 13jährige Daniil Korotkich durch die Dünen am Strand von Kaliningrad. Dabei fand er eine Bierflasche in der ein in Plastik eingewickelter Brief steckte. Auf dem Papier stand folgende Botschaft: „Lieber Finder meiner Flaschenpost! Ich heiße Frank und bin fünf Jahre alt. Ich mache heute mit meinem Vater eine Schiffsreise nach Dänemark. Wer meine Flaschenpost findet, möchte mir doch bitte schreiben. Ich schreibe auch zurück." Darunter stand Franks Adresse und ein Datum: 7. September 1987!

Daniil wandte sich mit seinem Fund an Journalisten der russischen Zeitung „Komsomolskaja Prawda". Die fanden die Geschichte so interessant, dass sie unter der angegebenen Adresse nachforschten und den Absender dieser Flaschenpost ausfindig machten. Es war Frank Uesbeck, 29 Jahre alt und Bankangestellter in Nordrhein-Westfalen. Er konnte sich kaum an das Versenden der Flaschenpost erinnern, trotzdem nahm er gerne Kontakt mit Daniil auf – genau so, wie er es vor 24 Jahren versprochen hatte.

Eine schöne Geschichte: Da schlummert eine Freundschaftsanfrage 24 Jahre im Sand – bis sie endlich beantwortet wird. Und das im Facebook-Zeitalter, wo wir schon nervös werden, wenn eine Freundschaftsanfrage nicht am gleichen Tag beantwortet wird!

Seit 2500 Jahren schlummert eine Freundschaftsanfrage von ganz anderer Qualität in einer Art „Flaschenpost" und wartet darauf, von dir entdeckt zu werden.

Es ist die Liebeserklärung Gottes, die er uns in der Bibel hat aufschreiben lassen. *__Ich habe nie aufgehört, dich zu lieben__*, steht zum Beispiel in Jeremia 31,3 GNB. Diese Worte galten zuerst dem Volk Israel. Der Apostel Paulus erweitert diesen Horizont aber in Galater 3 auf alle Menschen, die Glauben wie Abraham – auch noch heute! Durch diese Worte dringt also die Liebe des ewigen Gottes zu allen Zeiten zu uns Menschen. Es ist Gottes Freundschaftsanfrage an dich persönlich – wirst du sie beantworten?

Dessert: Gotteskuss

Stell dir vor, du triffst Gott. Einfach so. Als Mensch wie du und ich. Er lächelt dir zu und gibt dir als erstes einen dicken, fetten Kuss.

Ich liebe die Vorstellung von einem Gott, der Menschen küsst! Aber ich frage mich: Hat Gott überhaupt einen Mund? Wenn ja, wie fühlt sich ein Gotteskuss an? Küsst Gott gut? Küsst er auch auf einen dreckigen Mund?

Um meine Fragen zu beantworten stöbere ich in meiner Bibel; schließlich ist sie ein anerkanntes Expertenwerk in allem, was Gott betrifft. Schon im ersten Satz hat Gott seinen Auftritt, und vier Zeilen weiter unten finde ich einen Hinweis darauf, ob Gott einen Mund hat. Dort steht: ***„Da sprach Gott."***

Das ist meine gute Nachricht für Heute: Gott kann reden! - und wenn einer spricht, muss er wohl einen Mund haben.

Die nächste Frage ist, ob er mit diesem Mund auch küsst? Beim Weiterlesen in der Bibel stoß ich auf folgenden Text: ***„Da nahm Gott Staub, schuf daraus den Menschen und blies ihm den Lebensatem in die Nase. So wurde der Mensch lebendig."*** 1. Mose 2,7 HFA

Das ist zwar noch kein Kuss, aber ganz nahe dran! Wenn mich meine Frau küsst, stoppt sie manchmal kurz bevor sich unsere Lippen berühren. Ich atme ihren Atem – ein intimer Moment. Mit jemandem seinen Atem zu teilen ist Ausdruck von innigster Nähe. Mir ist die biblische Beschreibung sympathisch: Ein Gott der von Anfang an den Menschen nahe kommt. So nahe, dass er mit ihnen seinen Atem teilt!

Doch bis es zu Gottes Kuss kommt, muss ich in der Bibel noch eine Menge Seiten umschlagen. Und endlich, im Lukasevangelium treffe ich auf den küssenden Gott:

„Als er aber noch fern war, sah ihn sein Vater und wurde innerlich bewegt und lief hin und fiel ihm um seinen Hals und küsste ihn." Lukasevangelium 15,20 ELB

Jesus erzählt hier das Gleichnis eines Vaters mit seinen beiden Söhnen. Es geht um Gott und die Menschen. Der Vater ist Gott und die Söhne sind wir Menschen. Hier küsst der Vater seinen Sohn. Hier küsst Gott uns Menschen! Und übrigens: Der Sohn im Gleichnis kam verarmt vom Schweinehüten. Damit wäre auch diese Frage beantwortet: Gott küsst auch auf einen dreckigen Mund! Was für ein wunderschönes Bild für den nahen, vergebenden und liebenden Gott, wie er uns in der Bibel vorgestellt wird. Das ist doch wirklich mal eine gute Nachricht!

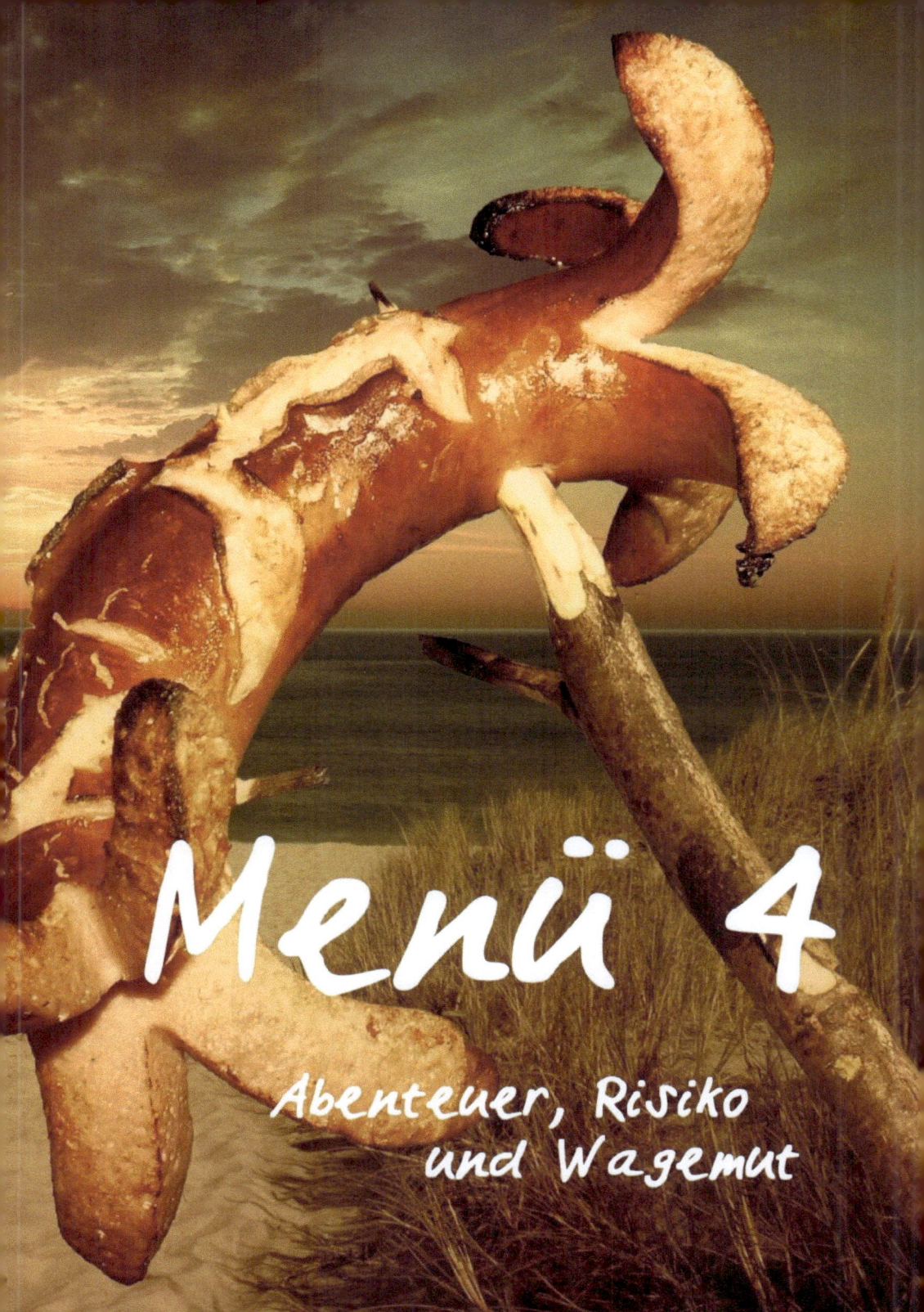

Lust auf Abenteuer? Dann riskier mal dieses Menü:

Vorspeise

Die schwarze Piste ist ein Input der dich herausfordert: Sag der Langeweile Adieu und stell dich dem Abenteuer deines Lebens!

Salat

Mutig, mutig ist die Geschichte von einem Segler, der beeindruckend viel Mut hatte, aber leider von allem anderen zu wenig...

Hauptgang

Eddie Aikau ist der Namenspatron vom extremsten Surfer-Wettbewerb. Seine Lebensgeschichte wird dich inspirieren: Verlass die Komfort-Zone und wag dich mutig in die Wellen!

Dessert

Morgenandacht mit Götze und Schweinsteiger vergleicht den WM Final von 2014 mit dem Abenteuer des Apostels Paulus: Voller Einsatz lohnt sich!

Weinempfehlung

Jesus macht „all-in" dieser Text spricht davon, wie Jesus völlig unnötig den Erfolg seiner ganzen Mission riskierte.

Vorspeise: Die schwarze Piste

Manche Christen wollen keine ruhige Zeit. Sie wollen die schwarze Piste. Die schwarze Piste ist die schwierigste und steilste Abfahrt eines Skigebiets. Diesen Vergleich benutzte ein Freund von mir, als er vor einigen Jahren beschloss mit einem christlichen Hilfswerk in einen Einsatz in einem zentralasiatischen Land zu gehen.

Jesus-Nachfolge bedeute für ihn mehr als ein sicherer Job, gutes Einkommen, einmal im Monat Gitarre während des Lobpreis' spielen und Früchtetee nach dem Hauskreisabend trinken. Er sehne sich nach der schwarzen Piste und deutete mit einer Handbewegung an, wie steil er sich das Abenteuer mit Jesus vorstelle.

Regelmäßig bekam ich per Mail seine Erlebnisberichte zugesandt. Kaum am Einsatzort angekommen saß er in einem Café, als nach einem Knall die Scheiben zersplitterten. Eine Bombe war ein paar Straßenecken weiter hochgegangen. Er berichtete von mühseligen Behördengängen, Stress mit den Nachbarn und dem Bangen um die Gesundheit seines Kindes.

Vor kurzem berichtet er, wie ein Mann mit einem toten Neugeborenen an seine Haustür klopfte und um Geld für eine Bestattung bat. Sie bezahlten, aber am nächsten Tag wurde der Babykörper auf einer Müllhalde in der Nähe gefunden – und niemanden schien es zu kümmern! Willkommen auf der schwarzen Piste!

Aber das ist nur der eine Teil der Geschichte. Der andere Teil handelt von blaugeschlagenen Frauen, die einen sicheren Ort gefunden hatten. Von kranken und unterernährten Kindern, die vor dem fast sicheren Tod bewahrt wurden. Von arbeitslosen Familienvätern, die die Chance erhielten durch eigene Arbeit auf einen grünen Zweig zu kommen.

Der andere Teil der Geschichte handelt von Hoffnung, Neubeginn, Mut und diesem unerschütterlichen Vertrauen, dass die Nachfolge Jesu Kräfte freisetzt, die selbst die Pforten der Hölle überwinden.

Jetzt du: Was bedeutet die Nachfolge von Jesus für dich? Gemütliches rumtuckern mit der Masse auf der anspruchslosen blauen Piste? Oder der einsame, wilde Ritt auf der atemraubenden schwarzen Piste?

Vielleicht hilft dir bei der Entscheidung der Rat des Schweizer Reformators Ulrich Zwingli, den er am 16. Juni 1529 in einem Brief an die Regierung in Zürich schrieb:

Tuond umb Gotzwillen etwas Dapfers! (Tut um Gottes Willen etwas Tapferes!)

Oder noch besser der Rat von Gott an seinen Heeresführer Josua:

„Ja, ich sage es noch einmal: Sei mutig und entschlossen! Lass dich nicht einschüchtern, und hab keine Angst! Denn ich, der Herr, dein Gott, bin bei dir, wohin du auch gehst." Josua 1,9 HFA

Salat: Mutig, mutig

Mitte Juli 2013, abends um 20.00 Uhr. Die Küstenwache von Portland an der Südküste Englands erhielt Bericht von einem kleinen Gummiboot, das ganz alleine auf dem Meer treiben würde. Das ausgerückte Rettungsteam fand darin einen Mann um die 40. Er ruderte mit zwei Paddeln und mit einem weiteren hatte er ein behelfsmäßiges Segel konstruiert.

Er sei auf dem Weg nach Bournemouth und brauche keine Hilfe, erklärt er den Rettern. Zwar hat er zu diesem Zeitpunkt schon realisiert, dass er es wohl nicht bis ans Ziel schaffen würde, aber von Panik auf dem offenen Meer war keine Rede – der Mann schien unbesorgt.

Morgens um 9.00 Uhr sei er in Osmington Mills gewassert. Zum Zeitpunkt seiner Rettung hatte er von den 65 Kilometern bis zu seinem Ziel bereits 14 hinter sich gebracht. Eine starke und äußerst mutige Leistung, wenn man seine Ausrüstung bedenkt: Ein mickriges Gummiboot mit improvisiertem Segel.

Natürlich wissen es jetzt alle besser. Er hätte ein Funkgerät oder mindestens ein Handy mitnehmen sollen. Mehr Trinkwasser und etwas Proviant wären auch gut gewesen. Dann natürlich Sonnenschutzcrème – er hatte sich einen mordsmäßigen Sonnenbrand eingefangen.Und vor allem hätte er ein hochseetaugliches Bott gebraucht.

Es ist leicht, sich über den Mann lustig zu machen. Witzig ist die Geschichte zweifellos. Man kann sich auch berechtigte Sorgen um seinen geistigen Zustand machen und hilfreiche Tipps abgeben. Mich hat etwas an der Geschichte bewegt. Da hat einer die Vision von einem Abenteuer auf hoher See und pfeift offensichtlich auf alle guten Vorbereitungen und Expertentipps. Der Mann wartet nicht, bis jedes Risiko ausgeschlossen ist – er rudert einfach mutig los!

Mut, Unerschrockenheit und grenzenloses Vertrauen sind Charakterzüge, die mich beeindrucken. Wer sich in biblischer Geschichte auskennt, weiß von ein paar Typen, die genau diese Eigenschaften besaßen. David, der mit einer mickrigen Steinschleuder gegen einen furchterregenden Krieger antrat. Oder Petrus, der bei Sturm aus dem Boot stieg, um Jesus entgegen zu gehen. Oder Moses, der mit einem Hirtenstab den Pharao das Fürchten lehrte. Sie alle hatten beeindruckend viel Mut.

Und jetzt du: Wann hast du zum letzten Mal etwas riskiert?

Natürlich geht es jetzt nicht darum, leichtsinnig das eigene Leben zu riskieren. Die mutigen Typen aus der Bibel haben sich nicht aus purer Abenteuerlust in Gefahr gegeben. David bewahrte sein Volk vor der Sklaverei, Petrus machte Jesus gross und Moses erlöste ein ganzes Volk von drückender Sklavenherrschaft. Prüfe, ob das Abenteuer, das du planst von einem ähnlichen Motiv getrieben ist – und wenn ja: Sei mutig!

Hauptgang: Eddie Aikau

Im Dezember 2009 fand auf Hawaii der Surfer-Wettbewerb „The Eddie" statt. Zahlreiche Medien berichteten von diesem Event, der nur stattfindet, wenn die Wellen in Hawaii über sieben Meter hoch werden. Ein seltenes Ereignis, das nur alle paar Jahre eintritt. Hier die Hintergrundgeschichte über Eddie Aikau, den Namensgeber des Wettbewerbs.

Eddie war Rettungsschwimmer am Strand der Waimea Bay, nördlich von Honolulu. 1971 erhielt er für seine Leistungen die Auszeichnung: „Lebensretter des Jahres". In seiner Freizeit war er leidenschaftlicher Surfer, der bekannt dafür war, sich selbst bei den gefährlichsten Bedingungen in die Wellen zu wagen.

1978 nahm Eddie an einer Forschungsreise teil. Es ging darum mit nachgebauten historischen Booten die polynesische Einwanderung nach Hawaii zu erforschen.

Eddie begleitete ein Boot als Rettungsschwimmer. Der Start am 16. März 1978 verlief problemlos. Doch schon bald schlug das Boot leck. 19 km südlich der Insel Molokai kenterte das Boot und trieb kieloben. Die Mannschaft konnte sich am manövrierunfähigen Boot festhalten.

In dieser Situation entschloss sich Eddie, Hilfe zu holen. Er paddelte mit seinem Surfbrett davon. 19 km offene See lagen vor ihm. Eddie schaffte es nicht und blieb verschollen. Seine Crew hingegen wurde später durch die Küstenwache gerettet.

Als Überschrift der Tafel zum Gedenken an Eddies Opfer steht der Text aus Johannes 15,13: *„**Die größte Liebe beweist der, der sein Leben für die Freunde hingibt.**"* NGÜ

Eddies Geschichte ist die des größten Opfers. Sie ist ein Bild dafür, was Jesus für uns getan hat. Er hat sein Leben hingegeben, damit wir leben können!

Dessert: Input mit Götze und Schweinsteiger

Ich bin kürzlich auf ein kurzes Video aus dem Fußball WM Finalspiel von 2014 gestoßen. Das Video beginnt mit Bastian Schweinsteiger, der mit der frisch verarzteten Platzwunde unter dem rechten Auge wieder ins Spiel kommt. Es läuft die 112. Minute, der Mann ist gezeichnet vom langen, bisher ergebnislosen Kampf. Der Kommentator beschreibt die Stimmung mit: „Jetzt ist's echt ruppiger geworden!"

Dann Flanke Schürrle und Tor Götze – Jubel und das Lied „Auf uns" von Andreas Bourani über die Stadionanlage.

Jetzt zum Input: Für eine Predigt arbeitete ich am Bibeltext über die Schiffsreise des Paulus nach Rom (Apostelgeschichte 27). Das war auch eine elende Ochsentour: Zuerst wehte der Wind ständig aus der falschen Richtung, dann rumdümpeln bei Windstille, falsche Entscheidungen, Sturm, Schiffbruch und am Ende ein Schlangenbiss auf einer abgelegenen Insel.

Vielleicht fühlte sich Paulus wie Schweinsteiger in der 112 Minute. Er hatte viel Einsatz gegeben, gekämpft bis aufs Blut und immer noch war nicht klar, wie das Spiel ausgehen würde.

Die 113. Minute des Paulus wird in Apostelgeschichte 28,8-10 beschrieben. Paulus betete für einen an Ruhr Erkrankten. Der Mann wurde gesund und auf der Insel brach Party-Stimmung aus. Alle Kranken kamen zu Paulus und wurden ebenfalls geheilt. Er und sein Team wurden mit Geschenken überschüttet.

Der Film vom WM Final hat mir das Herz für diesen Bibel-Text geöffnet. Ich glaube nun zu wissen, wie Paulus sich auf der Insel Malta fühlte: Ein bisschen wie Schweinsteiger!

Das macht doch auch Mut für die Situationen im Leben, in denen uns in der 112. Minute langsam die Kraft ausgeht. „Jetzt nur nicht aufgeben!", würden uns Schweinsteiger und Paulus gemeinsam zurufen.

Weinempfehlung: Jesus macht „all-in"

Jesus war beliebt. Die Leute hofften, dass er endlich die verhassten Römer aus dem Land werfen würde. Als Jesus nach Jerusalem kam, schickte er zwei seiner Jünger voraus und gab ihnen folgenden Auftrag: *„Geht in das Dorf, das ihr vor euch seht. Beim Ortseingang werdet ihr einen Esel finden, der angebunden ist, ein junges Tier, auf dem noch nie ein Mensch geritten ist. Bindet es los und führt es her. Und sollte euch jemand fragen, warum ihr es losbindet, dann antwortet: ‚Der Herr braucht es.'"* Lukas 19,30+31 HFA

Jesus hatte Mut! Er wagte, die Zukunft vorauszusagen. Damit ging er ein großes Risiko ein. Würde er etwas Falsches sagen, dann wäre für alle klar, dass er ein Lügner ist. Er könnte gleich wieder umkehren und nach Hause gehen um sich zu schämen. Jesus machte das, was man beim Pokerspiel mit „all in" bezeichnet. Er setzte alles. Entweder würde er gewinnen oder alles verlieren.

Ich hätte in seiner Situation besser nichts gesagt – Jesus machte es anders!

In seiner Zukunftsprophetie nennt er sechs Details: 1. Dass es ein Esel ist und kein Pferd. 2. Dass er jung sein soll. 3. Dass er angebunden ist. 4. Dass er beim Ortseingang steht. 5. Dass noch niemand auf ihm geritten ist. Und 6. was die Leute sagen werden und was zu antworten ist.

Dazu kommt, dass schon der Prophet Sacharja einige hundert Jahre vorher davon gesprochen hat, dass der Retter der Welt, der Messias, auf einem jungen Esel nach Jerusalem reiten wird.

Mit dieser Prophezeiung sind wir bei der Zahl Sieben. Eine Zahl, die für die Leute damals eine besondere Bedeutung hatte. Es ist die Zahl des Vollkommenen. Und tatsächlich, alle sieben Voraussagen trafen ein.

In dem Moment, in dem Jesus auf den Esel saß, war für alle Umstehenden klar: **Jesus ist ein echter Prophet – ja sogar der Messias, der Retter der Welt!**

Dünnhäutig, aufgekratzt mit Selbstzweifeln

Menü 5

Dieses Menu ist für Momente gedacht, in denen du an dir selber zweifelst. Die Inputs enthalten auf die eine oder andere Weise den Zuspruch für dich, dass du wertvoll, geliebt und gewollt bist.

Vorspeise

Mein Teddy ist die Botschaft von meinem Teddybären aus der Kindheit. Der Text zeigt auf, dass wahre Liebe nichts mit Makellosigkeit zu tun hat.

Salat

Mit Borussia Dortmund im Training ein Input der dir aufzeigt mit welchen Augen Gott dich sieht und wie wertvoll du in seinen Augen bist.

Hauptgang

Gewitterzelle ist ein Text zu einem einmaligen Wetterphänomen, das sich im August 2009 im schweizerischen Kanton Tessin abspielte.

Dessert

Rotes Lämpchen bremst schnellen Porsche ist ein Input, der dir dabei helfen soll an dich und deine Stärken zu glauben, auch wenn andere schlecht über dich reden.

Weinempfehlung

Das verwundete Herz mit diesem Input lernst du deine Dünnhäutigkeit zu schätzen. Es ist manchmal auch ganz gut sensibel zu sein.

Vorspeise: Mein Teddy

Vor kurzem geriet mir wieder mal mein alter Teddy in die Hände. Der Teddy, der mich durch meine Kindheit begleitete. An einigen Stellen ist der Stoff abgeschabt und er hat Flecken, die nie mehr weggehen.

Würde ich ihn in einem Spielwarengeschäft ins Regal stellen, sähe er neben den nagelneuen Teddys richtig schäbig aus. So einen lumpigen Bären würde sicher niemand kaufen – Außer mir selbst!

Auch wenn dieser Teddy der hässlichste im ganzen Regal wäre – ich wäre bereit mehr für ihn zu bezahlen, als für alle anderen Teddys zusammen. Weil es eben mein Teddy ist.

Für mich ist er voller Erinnerungen. Ich habe ihn überallhin mitgeschleppt: In den Wald, an den Bach und sicher auch ins Baumhaus. Und als ich traurig war hat mich dieser Teddy getröstet und kein anderer. Das gibt diesem Teddy einen Wert, den man nicht mit Gold und Silber aufwiegen kann.

Jetzt, wo ich erwachsen bin, hilft mir dieser Teddy, Gottes Liebe zu verstehen. Gottes Liebe zu mir hängt auch nicht von meinem Äußeren, meinem Erfolg oder der neuen Frisur, die mir der Friseur gemacht hat, ab. Gottes Liebe hat keine Bedingungen. Es ist eine Liebe, die mich trotz meiner Fehler und Misserfolge annimmt wie ich bin.

Und die göttliche Liebe geht sogar noch einen Schritt weiter als meine Liebe zu meinem Teddy. Die Liebe Gottes macht etwas mit mir. Als von Gott Geliebter bleibe ich nicht so, wie ich bin. Gott will mich verändern. Er will die Flecken reinigen und die kaputten Stellen reparieren.

Was ich meinem Teddy nicht bieten kann, das kann Gott. Er macht etwas Neues aus mir. Und das gilt für alle Menschen. Die Frage ist nicht, ob Gottes Liebe uns verändern kann? Das kann sie sicher. Die Frage ist, ob wir diese Liebe annehmen wollen, und ob wir bereit sind für die Veränderung, die Gott in uns wirken will.

„Ist jemand in Christus, so ist er eine neue Kreatur; das Alte ist vergangen, siehe, Neues ist geworden." 2. Korinther 5.17 LUT

Salat: Mit Borussia Dortmund im Training

Juli 2014: Die deutsche Fußballmannschaft Borussia Dortmund ist in Bad Ragaz im Trainingslager. Die Fußballer gehören zu den besten weltweit. Im April hatten sie Real Madrid besiegt und in der Bundesliga belegten sie in der Saison 13/14 den zweiten Platz.

Weil wir als Familie gerade auch in Bad Ragaz waren, besuchten wir das Training der Dortmunder. Dabei entstand das folgende Bild:

Dieses Bild kann man durch zwei verschiedene Brillen anschauen. Setzen wir zuerst die Brille eines Fußballmanagers auf. Der Spieler, der den Schuss aufs Tor abgibt, ist Ciro Immobile. Er ist Stürmer und sein Marktwert beträgt ca. 18 Millionen Euro. Der Spieler, der mit dem Rücken zu uns steht, ist Pierre-Emerick Aubameyang. Auch er ein Stürmer mit einem Marktwert von ungefähr 17 Millionen Euro.

Nun machen wir den Brillenwechsel. Ich setzte dir mal meine Brille auf. Die beiden Fußballer habe ich vor dem Trainingsbesuch nicht gekannt.

Ich musste ihre Namen auf der Homepage des BVB suchen gehen. Aber die beiden Blondschöpfe, die als Zuschauer vorne in der Mitte am Gitter stehen, musste ich nicht googeln. Es sind meine beiden Söhne. Ihr Wert ist unbezahlbar.

Nun etwas zum Nachdenken. Welche Brille trägt Gott, wenn er dich anschaut? Diejenige eines Managers, der den Marktwert analysiert? Oder die des Vaters, der den Sohn oder die Tochter sieht?

Die Antwort steht im folgenden Bibeltext: *„**Von allem Anfang hat er uns dazu bestimmt, durch Jesus Christus seine Söhne und Töchter zu werden. Das war sein Plan; so hatte er es beschlossen.**"* Epheser 1,5 NGÜ

Hauptgang: Gewitterzelle

Am 15. August 2009 frühmorgens tobte ein Gewitter zwischen Locarno und Domodossola. Der Donner grollte, grelle Blitze entluden sich und wer aus dem Haus musste, nahm einen Schirm mit. Für die Menschen mitten in diesem Gewitter eine ungemütliche Situation.

Sie konnten nicht ahnen, dass zur selben Zeit andere Leute dieselbe Wettersituation ganz anders beurteilten. So zum Beispiel die Mitarbeiter von MeteoSchweiz, die das Gewitter auf Satellitenbildern beobachteten. Sie sahen ein besonderes Wetterphänomen, das äußerst selten vorkommt. Die Gewitterzelle stand ganz alleine da. Der ganze übrige Alpenraum war wolkenfrei.

Und weil in diesem Moment gerade die Sonne aufging, ergab sich ein fantastisches Bild. Die runde Gewitterzelle wurde von der Morgensonne ungefähr zur Hälfte beschienen – es sah aus, als würde eine gigantische Perle auf den Alpen thronen!

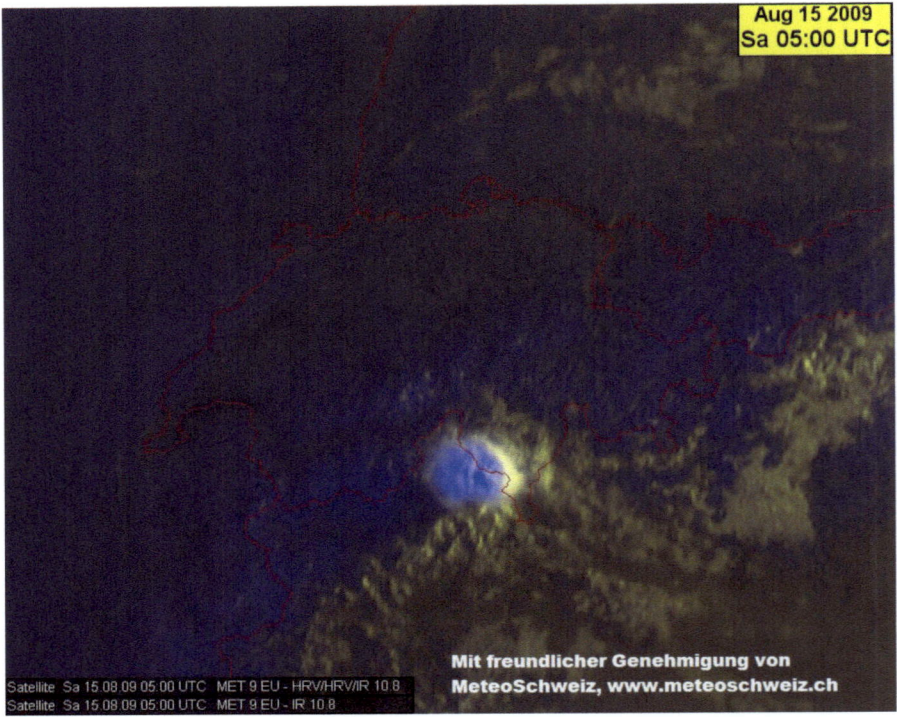

Ist diese Wetterlage nicht auch ein wunderbares Bild für unser Leben. Wenn es draußen stürmt und tobt – wenn ich in meiner Lebenssituation keinen Sinn mehr sehe – dann lohnt es sich, die Hoffnung nicht zu schnell aufzugeben. Es könnte ja sein, dass mein momentanes Lebensgewitter von oben gesehen eine Perle ist.

Dessert: Rotes Lämpchen bremst schnellen Porsche

15. Juni 1969. Hans Herrmann und Gérard Larrousse starten mit ihrem Porsche 908 in das 24-Stunden Rennen von Le Mans. Schon bald mussten sie einen Radlagerschaden beklagen und 35 Minuten Rückstand auf die Führenden in Kauf nehmen. Doch Pannen hatten auch andere und gegen Ende des Rennens kämpften die Beiden gegen Jacky Ickx und Jackie Oliver in einem Ford GT40 um den Sieg. Die Führung im Rennen wechselte mehrfach zwischen den beiden Teams.

Herrmann/Larrousse hätten technisch eigentlich einen Vorsprung gehabt. Ihr Fahrzeug war leichter und besaß das effizientere Bremssystem. Diesen Vorteil konnten sie aber zu wenig ausnutzen. Eine rote Warnleuchte im Cockpit zeigte an, dass die Bremsbeläge abgerieben waren. Die beiden Rennfahrer wurden mit lediglich 100 Metern Abstand Zweite.Nach dem Rennen wurde klar, dass die Leuchte falsch angezeigt hatte. Die Beläge waren noch in Ordnung gewesen und Herrmann/Larrousse hätten ans Limit gehen können. Diese defekte Leuchte verhinderte ihren Sieg.

Was die beiden im Rennen erlebten, kenne ich aus meinem Leben. Rote Warnleuchten, die verhindern, dass ich mein volles Potential ausschöpfe. Das sind Sätze wie: „Das schaffst du nicht, gib auf!" oder „Sag lieber nichts, du wirst nur ausgelacht!" oder „Das interessiert doch keinen!"

Jetzt du: Was sind die roten Warnleuchten in deinem Leben? Was hält dich davon ab, dein volles Potential auszuschöpfen?

Weinempfehlung: Das verwundete Herz

„..., dass auch dir ein Schwert durch die Seele dringen wird." Lukas 2,35 NGÜ. Mit diesen Worten bereitete der Prophet Simeon die junge Mutter Maria auf ihre Lebensaufgabe vor. Sie würde Jesus großziehen, ihn unterstützen und ihn auf mancher Predigtreise begleiten. Sie würde auch bei ihm sein, wenn er sterben wird. Ich denke, dass Simeon mit seinen Worten vom Schwert in der Seele an diesen Moment dachte.
Maria wird in der Bibel als Beterin vorgestellt. Eines ihrer Gebete ist wörtlich wiedergegeben (Lukas 1,46-56). Am Anfang der Apostelgeschichte ist Maria im Beschrieb der vorpfingstlichen Gebetsversammlung namentlich erwähnt.Die Details aus der Weihnachtsgeschichte

verdanken wir dem guten Erinnerungsvermögen der Maria. Lukas erwähnt in seinem Evangelium, dass Maria *„die Worte in ihrem Herzen behielt"*. Das gilt auch für die Szene wo der Teenie Jesus seinen Eltern Große Sorgen machte (Lukas 2,41-52).

Was hat Maria für ein besonderes Herz? Verletzt und doch zum Segen für viele! Ich lerne von Maria, dass ich auch mein Herz verletzlich mache. Zum Beispiel wenn mir jemand von seiner bevorstehenden Operation berichtet. Oft halte ich meine Gefühle da raus und spreche trocken ein Gebet für diese Person. Aber ich kann auch zulassen, dass die Not dieser Person eine kleine Wunde in mein Herz schlägt. Dass ich die Angst vor Injektionen und Skalpellen ein Stück weit an mich ran lasse. Dass ich in Gedanken kurz das OP-Hemd anziehe und für diese Person auf den Schragen liege. So bete ich anders. Mit einem verwundeten Herzen das mitfühlt.

Wie betest du? Mechanisch oder aus einem verwundeten Herzen?

Menü 6
Verzweifelt ohne Licht

Das Menü für Sünder. Fehler, Versagen und Zusammenbruch sind nicht die Endstation. Du kriegst eine neue Chance!

Vorspeise

Metallfeder im Käse und Silex im Finger ein Input über die Dinge, die raus müssen, wenn es mit uns besser werden soll.

Salat

Kleiner Fehler, große Wirkung manchmal braucht es wenig, damit ein großer Schaden entsteht.

Hauptgang

Wenn das Leben auseinanderbricht ein Text inspiriert von Elisabeth Trotter. Es ist nicht das Ende, wenn du am Ende bist.

Dessert

Teure Kamera ein Input über Gottes Sicht der Dinge. Wenn wir Mist bauen, lässt ihn das nicht kalt.

Weinempfehlung

Zähneputzen nicht vergessen Ein Gedanke zum täglichen Umgang mit unserer Unzulänglichkeit – Wir brauchen Gottes Gnade.

Vorspeise: Metallfeder im Käse und Silex im Finger

Am 9. Mai 2009 produzierte der Käser Daniel Stalder in Riggisberg Emmentaler Käse. Während eines Arbeitsschrittes reißt ein Draht und eine kleine Metallfeder fällt in den Käsekessel.

Es war unmöglich sie herauszufischen. Darum beendete Daniel Stalder seine Arbeit wie gewohnt und produzierte an diesem Tag sieben große Laibe Emmentaler Käse zu je 95 Kilogramm. In einem davon steckte die Metallfeder – bloß in welchem?

Um den Käse zu verkaufen, musste die Feder gefunden werden. Daniel Stalder hatte eine Idee. Er rief beim Flughafen Bern-Belp an und fragte, ob er die Käselaibe mit dem Gepäck-Röntgengerät untersuchen lassen dürfe.

Die Flughafenbetreiber glaubten zuerst an einen Scherz, ließen sich aber doch von der Ernsthaftigkeit des Problems überzeugen und erlaubten die Käseuntersuchaktion. Am 8. August 2009 hatte der Käse die nötige Reife, transportfähig und die sieben Laibe rollten durch die Röntgenmaschine. Mit Erfolg – die Metallfeder erschien auf dem Bildschirm und der betroffene Käse konnte aussortiert werden.

Dieser Käse ist für mich ein Bild für die menschliche Seele. Auch da gibt es Unrat, der ungenießbar macht. Nicht vergebene Schuld, Hartherzigkeit oder Rachegefühle um nur einige zu nennen. Um sie aufzuspüren und unschädlich zu machen braucht man keine Gepäckröntgenmaschine. Das ist das Angebot Gottes, von welchem der Prophet Daniel sagt: *„Er offenbart das Tiefe und das Verborgene; er weiß, was in der Finsternis ist, und bei ihm wohnt das Licht."* Daniel 2,22 ELB

Im Mai 2007 pickelte ich mich mit meiner Verlobten durch ein Gemisch von Kreide und Silexgestein um einen Wassergraben für WC und Duschen in einem Gebäude für die „Scouts" zu graben. Dabei verletzte sie sich. „Eine kleine Sache", dachten wir und klebten ein Pflaster auf die Wunde.

Am nächsten Tag schwoll der Finger an und die Entzündung breitete sich bis in den Handrücken aus. „Noch nicht so tragisch, ist ja nur ein Finger, das wird schon wieder." Und tatsächlich ging die Entzündung zurück. Aber nicht ganz. Nach neun Tagen war der Finger immer noch geschwollen.

„Komm wir warten noch bis morgen, bevor wir zum Arzt gehen. Morgen wird es sicher wieder ein bisschen besser sein", mit diesen Argumenten trösteten wir uns über die Runden. Das folgende Röntgenbild setzte unseren Diskussionen ein Ende:

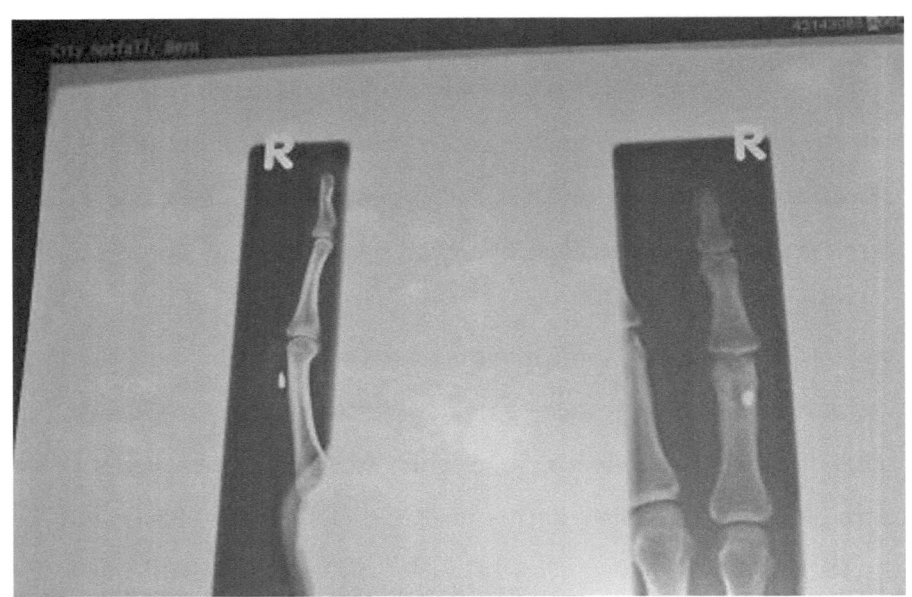

Da ist ein Splitter. Von selbst wird nichts gut. Solange der drin ist, bleibt die Entzündung. Dann kam der Wendepunkt. Der Handchirurg entfernte den Silexsplitter innert drei Minuten und verordnete eine Ladung Antibiotika. Es wurde bald wieder gut.

In der Bibel steht ein Text dazu: Epheser 5,11+14: *„Lasst euch auf keine finsteren Machenschaften ein; im Gegenteil, helft sie ans Licht zu bringen. …Was Gott ans Licht bringt, kann hell werden."* HFA

Unsere finsteren Machenschaften – die großen und die kleinen – sind wie ein Splitter im Finger. Sie müssen weg, wenn es besser mit uns werden soll.

Salat: Kleiner Fehler, große Wirkung

Am 6. September 2011 flog ein Flugzeug mit 117 Passagieren von Südjapan nach Tokio. Es war ein ruhiger Flug. Weil die Lage unter Kontrolle war und der Chefpilot auf die Toilette musste, übergab er den Steuerknüppel dem Kopiloten.

Nach einigen Minuten wollte der Chefpilot zurück ins Cockpit. Aus Sicherheitsgründen konnte er aber nicht einfach hineingehen, sondern musste dem Kopiloten zuerst ein Zeichen geben. Der musste dann von innen einen Knopf drücken, um die Tür zu entriegeln.

Dummerweise verwechselte der Kopilot den Türöffner mit einem anderen Knopf: Mit einem, der die Steuerruder verstellt. Prompt neigte sich der Flieger zur Seite und ging in den Sturzflug über. Dabei drehte sich die Maschine beinahe um die eigene Achse.

Zum Glück kam es nicht zum Absturz, dem Kopiloten gelang es in letzter Sekunde, das Flugzeug wieder auf Kurs zu bringen. Glücklicherweise forderte das gefährliche Manöver nicht mehr als zwei Leichtverletzte und einige gefüllte Kotztüten. Ein kleiner Fehler – erst noch gut gemeint – kostete um ein Haar 117 Menschenleben!

Ich bin kein Pilot. Wenn ich einen Fehler mache, bringe ich meistens keine Menschenleben in Gefahr. Und doch kenne ich aus meinem Alltag ähnliche Situationen: Momente in denen ich andere Menschen wütend mache oder verletze. Sei es mit einem falschen Wort, einer Sache, die ich vergessen habe, oder mit einer Ungeschicklichkeit.

Was kann ich tun, wenn ich einem anderen Menschen gegenüber schuldig geworden bin? Die Antwort auf diese Frage gibt Jesus im Gebet *„Unser Vater"*. Dort sagt er: *„Und vergib uns unsere Schuld, wie auch wir vergeben unseren Schuldigern!"* Matthäus 6,12 LUT

Weil wir alle Fehler machen – große und kleine – brauchen wir die gegenseitige Bereitschaft zur Vergebung. Jesus vergibt uns und er gibt uns die Kraft, um Vergebung zu bitten und auch anderen zu vergeben. Beides haben wir nötig – auch heute.

Für mich klingt extrem, was Jakobus in seinem Brief geschrieben hat: *„Wer das ganze Gesetz befolgt, aber gegen ein einziges ´Gebot` verstößt, macht sich damit am ganzen Gesetz mit allen seinen Geboten schuldig."* Jakobusbrief 2,10 NGÜ

Ist das wirklich so? Auch wenn ich einen kleinen Fehltritt mache – eine Notlüge, oder eine Unehrlichkeit – ist das für Gott genau gleich schlimm, wie wenn ich ein Räuber und ein Mörder wäre?

Jakobus hat den Satz aufgeschrieben, weil er uns lehren wollte, was Barmherzigkeit bedeutet. Er wollte verhindern, dass wir stolz werden und verächtlich auf andere Menschen schauen, die anscheinend noch mehr Fehler haben als wir. Darum sagte er, dass auch Menschen, die sich wenig zu Schulden kommen lassen, ebenso das Erbarmen Gottes nötig haben.

In Portland, einer Stadt in den USA, ist im Juni 2011 etwas passiert, das als Beispiel in diesem Zusammenhang dient. Ein alkoholisierter 21-Jähriger pinkelte in ein Trinkwasserreservoir. Dabei wurde er von einer Überwachungskamera gefilmt.

Daraufhin ließ David Shaff, der Verantwortliche beim Wasseramt in Portland, das ganze Reservoir leeren. 30 Millionen Liter Trinkwasser wurden wegen diesen wenigen Dezilitern Urin abgelassen.

Das bisschen Pipi hätte niemandem geschadet. Aber ehrlich, wen hätte es nicht auch angeekelt von diesem Wasser trinken zu müssen. Es ist egal, wieviel Urin im Wasser ist, es reicht wenn das Wasser nicht mehr sauber ist.

Genauso ist es mit unserer Schuld vor Gott. Auch wenn es in meinem Leben vielleicht nur wenig davon gibt: Ich habe trotzdem das Erbarmen und die Vergebung von Jesus nötig – genau gleich wie alle anderen.

Hauptgang: Wenn das Leben auseinanderbricht

Bist du auch schon ausgerastet? Ist dir mit einem Knall deine ganze innere Unruhe herausgebrochen? Das dunkle Zeug, das du normalerweise hinter deiner netten Fassade versteckt hältst: Wut, Neid, Hass und Egoismus.
Was, wenn das gar nicht so schlecht wäre?

Ich meine, wenn es gar nicht das Ende wäre, wenn du mit dir selbst am Ende bist? Was, wenn das Zeug, das du rauslässt, rauskommen muss? Wenn der einzige Weg zu erkennen, was in deinem Herzen ist, der ist, das mal alles ans Licht kommt?

Wir fürchten Niederlagen. Menschen, die Christen sein wollen, besonders. Denn wer als Christ leben möchte, sehnt sich danach, dass etwas von Christus in seinem Leben sichtbar wird: Liebe, Freundlichkeit und Hilfsbereitschaft. Umso schlimmer, wenn das nicht klappt.

Aber geht es beim Christsein wirklich darum, ein etwas besserer Mensch zu werden? Geht es nicht vielmehr darum, Christus nachzufolgen – auch ans Kreuz, in die innere Zerrissenheit, an den Ort, wo die Kräfte der Finsternis am stärksten toben. So hat unser Versagen vielleicht doch einen Sinn. Sich seine Schwäche einzugestehen und am eigenen Unvermögen zu verzweifeln, heißt auch, sich wirklich auf Gott einzulassen.

Lass den Gedanken zu, dass du im Zusammenbruch genau an dem Ort bist, an dem Gott dich haben will – heute.

Wenn unsere Schwäche ans Licht kommt, dann ist Gott uns näher als wir vermuten. Er ist an unserer Seite und bereit, die zerbrochen Teile unseres Lebens wieder zusammenzubringen. Im Zusammenbruch sind wir endlich offen für Gottes heilsame Pflege.

Gott lässt dich nicht alleine, wenn du hilflos bist. Er benutzt die Umstände deines Lebens, um aus dir die Person zu formen, von der er schon lange geträumt hat. Dazu gehören Ausraster, Misserfolge und zerbrochene Träume. Du brauchst vor diesen Dingen keine Angst zu haben. Gott wird sie brauchen um aus dir das Beste zu machen.

Darum halte heute durch, wenn du am Boden bist und dich das Chaos deines Lebens wie eine reißende Welle überspült. Vertraue auf Gottes Stimme, die dich ruft. Vertraue, dass er dein Durcheinander in Ordnung bringt. Der Name Jesus bedeutet „Retter" – vertraue ihm.

Denn auseinanderfallen ist nicht das Ende der Geschichte – es ist der Anfang einer neuen!

Inspiriert durch einen Text von Elizabeth Trotter in ihrem Blog alifeoverseas – What if I fall apart on the mission field, Juni 2014 (Teilweise übersetzt).

Dessert: Teure Kamera

Christian Schreiber ist Diplomingenieur für Medientechnik und hatte für eine Firma in Hessen eine ganz besondere Filmkamera entwickelt. Er nannte sie „Antelope", weil sie sein „Baby" war.

Eine Kamera wie sie hatte es noch nie gegeben. Sie nahm Bilder in Superzeitlupe auf: 2600 Bilder pro Sekunde und das in „High Definition"! Mit seinem Kollegen arbeitete Christian Schreiber monatelang an der Entwicklung dieses Wunderdings, investierte mehr als eine halbe Million Euro und zahllose Nachtschichten.

Dann, am 7. Mai 2011 die Premiere: Der erste Live-Einsatz seines „Babys" am Bundesligaspiel „Eintracht Frankfurt" gegen „1. FC Köln". Ging alles rund, sollte die Kamera in Serienproduktion gehen und in Zukunft den Sportfans noch spektakulärere Bilder in die Wohnstuben liefern.

Das Spiel war heiß. Für Frankfurt ging es um den Abstieg. Nachdem sie zwei Tore kassiert hatten, rasteten die Frankfurter Fans aus. Sie stürmten das Spielfeld und schlugen alles kurz und klein, was ihnen vor die Hände geriet. Christian Schreiber sah vom Übertragungswagen aus die wütenden Horden auf seine „Antelope" zukommen.

Bis zum Schluss leistete die Kamera treue Dienste und filmte wohl sogar noch das Gesicht des einen Fans, der sie mit Wucht kaputt geschlagen hatte. Der Bildschirm von Christian Schreiber wurde schwarz. Er berichtete danach, dass auch Tränen geflossen seien.

Zu verlieren, was einem lieb und teuer ist, ist hart. „Antelope" war einzigartig – aber trotz allem nur ein Gerät. Sie konnte ersetzt werden. Anders ist es, wenn wütende Horden Menschen totschlagen – jeder Mensch ist einzigartig, unersetzlich.

Gott ist der Entwickler jedes einzelnen Menschen. Er hat mehr investiert als Christian Schreiber in seine Kamera. Wie muss sein Herz bluten, wenn er zusehen muss, wie seine Geschöpfe umgebracht werden? Was für bittere Tränen weint Gott?

Und wie war es damals, als er mit ansehen musste, wie Jesus Christus hingerichtet wurde – der, von dem Gott selber sagte, dass er sein geliebter Sohn sei. Was musste Gott für eine Wut im Bauch gehabt haben? Kann da je wieder Frieden zwischen Gott und Mensch herrschen?

Ich kann mir das nicht vorstellen. Und doch ist es so. Jesus rief kurz vor seinem Tod zu Gott und sagte: **„Vater, vergib ihnen, denn sie wissen nicht, was sie tun!"** Lukas 22,34 ELB. Jesus bat um Vergebung für die, die gerade dabei waren ihn umzubringen. Und Gott vergab. Den Menschen damals und er vergibt uns auch heute.

Dieses unvorstellbare Versöhnungsangebot ist dank Jesus möglich geworden: Gott ist bereit, uns Menschen jede Schuld zu vergeben. Wir können den Frieden, den Gott uns anbietet in einem einfachen Gebet annehmen. Gott ist nicht zornig – egal was wir in unserem Leben kaputtgeschlagen haben.

Weinempfehlung: Zähneputzen nicht vergessen

Heute schon die Zähne geputzt? Manchmal vergesse ich das. Dann bildet sich mit der Zeit so etwas wie ein Pelz auf den Zähnen und es beginnt zu stinken. Spätestens wenn ich dann eine Zunge wie eine tote Maus habe, bin ich froh, wenn ich irgendwo eine Zahnbürste finde, mit der ich meinen Mund putzen kann.

Regelmäßiges Zähneputzen ist eine gute Sache. Haben Sie aber gewusst, dass es nicht nur Essensreste sind, die unseren Mund dreckig machen?

Im fünften Psalm beschreibt der König David Menschen, die einen Mund wie ein offenes Grab haben. Diese Mäuler gehören Menschen, die lügen und über andere lästern.

Mit welcher Zahnbürste können wir diesen Dreck putzen? Dass dazu eine gewöhnliche Zahnbürste nicht reicht, wusste auch David. Im Psalm 51,4 bittet er Gott: *„Wasche mich völlig von meiner Schuld und reinige* *mich von meiner Sünde!"* ELB. Wenn wir gelogen haben, oder sonst Dinge aus unserem Mund gelassen haben, die nicht in Ordnung sind, brauchen wir Jesus Christus. Er hilft uns weiter.

Bei ihm finden wir die Vergebung, die vor Gott gilt. Und er gibt uns die Kraft, um uns bei den Menschen, die wir mit unseren Worten verletzt haben, zu entschuldigen.

Wie die Zahnbürste zum Zähneputzen brauche ich diesen Reinigungsdienst von Jesus regelmäßig – sonst fängt es an zu stinken. Wie sieht das bei dir aus? Hast du das Putzangebot von Jesus heute schon in Anspruch genommen?

Menü 7

Hol mich hier raus!

Nicht aufgepasst, verirrt und bis zum Hals im Matsch: „Hol mich hier raus!" – Dieses Menu ist für alle die einen Superman brauchen.

Vorspeise

Vermisst Dieser Input stellt die Frage, welche selten gestellt wird: Was für eine Mutter ist Gott?

Salat

Angriff in Falludscha ein Kompaniekommandant berichtet über den Horror im Krieg – und darüber, was einen wahren Helden ausmacht.

Hauptgang

Vom Dunkeln ans Licht ist ein Text über ein Grubenunglück in Chile. Im Finstern sitzen und auf Rettung hoffen – haben wir uns nicht alle schon einmal so gefühlt?

Dessert

Retter macht sich dreckig ist ein Input über zwei Feuerwehrmänner, die ein Kalb aus einer Jauchegrube retten.

Weinempfehlung

Wein rettet die wahre Geschichte über einen großen Brand und ein außergewöhnliches Löschmittel.

Vorspeise: Vermisst

Dinge gehen verloren. Schlimm, wenn es ein Wohnungsschlüssel ist. Noch schlimmer, wenn es das eigene Haustier ist. Stell dir vor, deine Katze geht verloren. Wenn du keine hast, dann denke an Tinka.

In einem Artikel der Bietigheimerzeitung las ich Suzana D.s Not:
„Seit vier Wochen fehlt jede Spur von Tinka. „Ich vermisse sie sehr", sagt ihr „Frauchen" Suzana D. „Wenn ich wenigstens wüsste, dass sie in gute Hände gekommen ist." Um ihren Hals trägt die Katze ein Band mit einer Kapsel, in der Suzana D. ihre Telefonnummer auf einen Zettel notiert hat: (0 176) 222 70 xxx. „Ich bin für jeden Hinweis dankbar."
Die Geschichte gewinnt an Dramatik, wenn du dir die im Artikel beschriebene „Katzenfängerbande" bildlich vorstellst:

„Nicht nur Tinka ist verschwunden, es geht das Gerücht, dass im Raum Bietigheim-Bissingen professionelle Katzenfänger speziell grau melierten Tieren mit weißem Latz auflauerten. Nach einer Anzeige bei der Staatsanwaltschaft Stuttgart versucht die Polizei das Verschwinden der vermissten Vierbeiner aufzuklären."

Verlorengehen ist nicht lustig, weder als Katze noch als Mensch. Und doch geschieht es täglich in den bunt erleuchteten Einkaufszentren unserer modernen Welt:

Der Tim hat sein Mami verloren!

Ich schiebe meinen Einkaufswagen durch die übervollen Regale eines Supermarktes. Plötzlich plärrt eine Stimme durch die Lautsprecher: „Tim vermisst sein Mami. Er ist etwa vier Jahre alt, hat blonde Haare und trägt ein rotes T-Shirt. Er kann beim Kundendienst abgeholt werden." Tims Gefühlslage kann ich mir sehr gut vorstellen. Als Kleinkind verloren zu gehen ist grauenhaft!

Wie steht es aber nun um die Gefühlslage der Mutter? Ist sie ebenso verzweifelt wie Tim? Nicht unbedingt, ich kann mir die folgenden drei Varianten vorstellen:

A: Die Mutter ist total verschwitzt von der Suche nach ihrem Tim. Sie hatte sein Verschwinden sofort bemerkt, ließ ihren Einkaufswagen stehen, irrte verzweifelt durch den ganzen Supermarkt und rief: „Tim, oh mein Tim! Wo bist du?"
B: Die Mutter erhob erstaunt ihren Kopf vom Wühltisch mit den Aktionsangeboten und dachte: „Hoppla, jetzt weiß ich wieder, was ich vergessen habe…."
C: Die Mutter saß im Café und plauderte gemütlich mit einer Freundin. Sie dachte: „Yes! Ich bin frei! Jetzt sollen die vom Kundendienst mal schauen, wie sie Tim unterhalten."

Welche Mutter wünschst du dir?

Andere Frage: Was für eine Mutter ist Gott?

Die Bibel beschreibt uns Menschen an verschiedener Stelle als verloren und losgelöst von der fürsorglichen Beziehung zu Gott. Als Schafe ohne Hirten (Hesekiel 34) oder als verlorene Münze (Lukas 15) zum Beispiel. Wir sind die Tims, die beim Kundendienst auf ihre Mama warten. Und wie bei Tim stellt sich auch bei uns die Frage, ob wir denn überhaupt vermisst werden? In welcher Gefühlslage befindet sich Gott, wenn er an uns denkt?

Wie bei Tims Mutter sehe ich drei Möglichkeiten:

A: Er ist auf der Suche! Er setzt alles daran, um mich wieder zu finden!
B: Er hat mich vergessen und wenn ihn jemand auf mich anspricht, würde er sagen: „Kann mich gar nicht erinnern, dass ich den mal geschaffen habe."
C: Er ist froh, dass er sich nicht um mich kümmern muss. Es gibt schließlich Spannenderes, womit sich ein Herrscher des Universums beschäftigen kann.

Was für einen Gott wünschst du dir?

Gott ist auf der Suche!

Wenn Jesus von Gott spricht, erzählt er oft Geschichten. Eine handelt von einem Hirten, der 100 Schafe hatte. Als er eines davon nicht findet, lässt er alles stehen und liegen und sucht so lange, bis er es gefunden hat. Dann trägt er es glücklich auf seinen Schultern nach Hause und feiert ein Fest mit Freunden und Nachbarn. (Lukas 15) Der Hirte ist Gott. Das Schaf sind Menschen wie du und ich.

Schon der Prophet Hesekiel schreibt im 5. Jahrhundert vor Christus in einer prophetischen Vision:

Denn so spricht Gott der Herr: Siehe, ich will mich meiner Herde selbst annehmen und sie suchen. Wie ein Hirte seine Schafe sucht, wenn sie von seiner Herde verirrt sind, so will ich meine Schafe suchen und will sie erretten von allen Orten, wohin sie zerstreut waren zur Zeit, als es trüb und finster war. Hesekiel 34,11+12 LUT

Wie die Geschichte mit der verlorenen Katze Tinka ausgegangen ist, weiss ich nicht. Für Tim hoffe ich, dass seine Mami ihn bald beim Kundendienst abgeholt hat. Und wie geht deine Geschichte mit Gott aus? Er ist auf der Suche – wirst du dich von ihm finden lassen?

Salat: Angriff in Falludscha

Chris Plekenpol wurde im August 2005 von der US-amerikanischen Armee als Kommandant einer Panzerkompanie in den Irak geschickt. Die

Aufgabe seiner Truppe war es, die Straße zwischen Falludschah und Ramani zu sichern.

Während eines Einsatzes raste ein Selbstmord-Attentäter mit einem Auto in einen Panzer, der zur Kompanie von Chris gehörte. Der Zünder streikte und die Bombe explodierte nicht. Das Auto klemmte aber unter dem Panzer fest und der Attentäter blieb bewusstlos hinter dem Steuer liegen.

Chris fuhr mit seinem Panzer so nahe an das Geschehen, dass er sehen konnte, dass der Fahrer noch atmete. Er rief ein Spezialistenteam, das die Bombe entschärfen sollte.

Etwas ging schief und der Wagen des Attentäters fing Feuer. Aufgrund der starken Hitzeentwicklung erwachte er aus seiner Bewusstlosigkeit und rollte sich aus dem brennenden Fahrzeug. Er blieb davor liegen und hinter ihm fraß sich das Feuer immer näher Richtung Sprengladungen.

Chris berichtete davon, dass es einen Moment gegeben hatte, in dem er genau wusste, dass er das Leben dieses Attentäters hätte retten können. Ob er noch bewaffnet sei? Würde er sich wehren? Was wenn es schief ginge?

Chris blieb in seinem Panzer sitzen. Wenig später sah er, wie die Explosion der Bombe den Attentäter tötete. Chris gehört nicht zu der Sorte Helden, die ihr Leben für einen Feind riskieren.

Diese Geschichte erinnert mich an einen Text aus der Bibel. **„Gott aber erweist seine Liebe zu uns darin, dass Christus für uns gestorben ist, als wir noch Sünder waren"** Römer 5,8 LUT. Zwei Verse weiter im Text wird für den Begriff Sünder das Wort Feinde benutzt. Christus starb für seine Feinde. Was Chris nicht konnte, hat Gott für uns getan. Er blieb nicht in seinem Panzer sitzen und schaute zu, wie seine Feinde sterben. Nein, er kam in Jesus vom Himmel zur Erde um uns zu retten. Er warf sich schützend vor uns und nahm die Wucht der Explosion auf sich – damit wir heil davonkommen.

Hauptgang: Vom Dunkeln ans Licht

Grubenunglück in Chile. Am 5. August 2010 stürzten große Teile einer Mine in Copiapó, 800km nördlich von Santiago de Chile ein. 33 Kumpel konnten sich nicht rechtzeitig retten und blieben in einem Schutzraum in 700m Tiefe stecken. Bei 35°C Hitze und 85% Luftfeuchtigkeit mussten sie ausharren und auf Rettung warten.

Das Essen wurde knapp. Während 48 Stunden gab es bloß zwei Esslöffel Thunfisch und ein halbes Glas Milch pro Mann. Nach 17 endlos scheinenden Tagen hörten die Verschütteten endlich ein Geräusch. Eine Sondierbohrung erreichte ihren Schutzraum. Durch ein 16cm breites Rohr konnten sie nun mit Nahrung, Medikamenten und Nachrichten von ihren Familien versorgt werden.

Die Kumpel wussten, dass man sie nicht vergessen hatte und dass die Rettungsmassnahmen auf vollen Touren laufen würden. Bis aber ein genügend großer Rettungsstollen zu den Verschütteten gegraben war, würden wohl noch etliche Wochen, vielleicht sogar Monate vergehen.

Die Bergleute mussten mit dieser Spannung leben, die wohl fast nicht auszuhalten war. Mit dem Durchstoß der Sondierbohrung war der entscheidende Durchbruch zu ihrer Rettung gelungen. Verhungern musste niemand. Trotzdem mussten sie unter den miserablen Bedingungen in der Höhle noch lange ausharren, bis sie endlich wieder Tageslicht zu sehen bekommen würden.

Ich hoffte und betete, dass die Kumpel bald raus kommen könnten. Ihr Schicksal ließ niemanden kalt.

Ihre Situation ist eine Veranschaulichung für eine andere Rettung, die in der Bibel beschrieben ist. **„Das Volk, das im Finstern wandelt, sieht ein großes Licht!"** Jesaja 9,1 LUT . So klingt der Prophet Jesaja im 8. Jahrhundert vor Christus in seiner Botschaft an Israel. Im Epheserbrief greift Paulus diese Botschaft auf und beschreibt ganz allgemein unser Leben als von der Finsternis überschattet. Da ist doch etwas dran. Durch Egoismus, Größenwahn, Neid und Hass machen wir uns das Leben gegenseitig zur Hölle. Wir sind die Mineure, die hoffnungslos im Dunkeln stecken.

Doch Gott lässt unser Schicksal nicht kalt. Er hat uns nicht vergessen, sondern macht sich auf die Suche. Mit dem Kommen von Jesus ist der entscheidende Durchbruch bereits gelungen. Durch sein Leben, sein Sterben und sein Auferstehen hat er für uns den Kontakt zu Gott wiederhergestellt. Durch ihn ist Licht, frisches Wasser und Nahrung für unser Leben gekommen. Und damit auch die Hoffnung auf Rettung.

Aber ebenso wie bei den Bergleuten ist diese endgültige Rettung jetzt noch nicht da: *„Wir warten aber auf einen neuen Himmel und eine neue Erde nach seiner Verheißung, in denen Gerechtigkeit wohnt."* 2. Petrus 3,13 LUT.

Endlich am 13. Oktober 2010: Nach 69 Tagen in der Tiefe startete die Rettungsaktion. Mit einer eigens dafür konstruierten Rettungskapsel konnten die Mineure einzeln an die Erdoberfläche geholt werden.

Manche von ihnen haben sich für die Rettung Worte aus Psalm 95,4 auf die T-Shirts geschrieben: *„In seiner Hand sind die Tiefen der Erde, und die Höhen der Berge sind auch sein."* LUT und dann als persönliches Statement dazu: „Ihm gehören Ehre und Ruhm."

Dessert: Retter macht sich schmutzig

Um ein Leben zu retten, muss man sich manchmal schmutzig machen – Genau das hat Jesus für uns Menschen gemacht!

Am 23. Januar 2012 um sieben Uhr früh klingelte das Telefon bei der Feuerwehr in Frutigen. Ein Bauer aus Hofuri, einem Ort oberhalb von Frutigen, meldete, dass eines seiner Kälber in die Jauchegrube gefallen sei und er könne es nicht selber retten.

Vier Feuerwehrleute rückten aus um dem armen Tier zu helfen. Sie versuchten das Kalb mit Gurte so zu umfangen, dass sie es mit einem Traktor aus dem stinkigen und gefährlichen Loch herausheben konnten. Um die Gurte am Kalb zu befestigen, mussten zwei der Feuerwehrmänner zum Kalb in die Grube hinuntersteigen. Weil es in einer Jauchegrube gefährliches Methangas hat, zogen sie sich die Atemschutzmasken über.

Sie retteten das Kalb. Dabei hatten sich die Retter aber derart schmutzig gemacht, dass sie sich nachher mehr als einmal duschen mussten.

Sich schmutzig machen um Leben zu retten – das ist genau das, was Jesus für uns Menschen getan hat. Im zwölften Kapitel des Briefs des Apostels Paulus an die Christen in Philippi ist das genauer beschrieben: Jesus ist vom perfekten Himmel zu uns unvollständigen Menschen gekommen; mitten in unsere Fehler, unser Versagen und unseren Schmutz. Wegen seines Sterbens am Kreuz wurde er von den Leuten verachtet. Mit seinem Tod hat er aber gleichzeitig die ganze Last unserer Schuld auf sich genommen.

Jesus hat sich für uns schmutzig gemacht, damit wir gerettet und gereinigt werden! Wie wird diese Rettung für mich wirksam? Es reicht, wenn ich Jesus darum bitte. Ich sage ihm in einem einfachen Gebet in welchem Schmutz ich stecke. Dann bitte ich ihn, dass er mich da rausholt und rein macht.

Ich habe erlebt, dass das funktioniert – und du kannst sicher sein: Für Jesus ist kein Loch zu dreckig, zu schmutzig oder zu gefährlich. Er nimmt alles auf sich, um dich aus dem Dreck zu ziehen!

Weinempfehlung: Wein rettet

In der Kriegsnacht vom 27. auf den 28. November 1944 fielen 150'000 Spreng- und Brandbomben auf Freiburg im Breisgau. Die Stadt stand in Flammen. Im Zentrum der Stadt, am Münsterplatz wurde eine Häuserzeile zwar beschädigt, aber sie brannte noch nicht. Es war kein Wasser zum Löschen da.

Die einzige vorhandene Flüssigkeit war der Wein, der in Oberkirchs Weinstuben lagerte. Beherzt füllte der Wirt Karl Oberkirch seinen Wein in Eimer und begann mit Helfern den drohenden Funkensprung aufzuhalten. So gelang es, seine Wirtschaft und einige umstehende Gebäude vor dem Feuer zu bewahren, darunter das historische Kaufhaus, ein Wahrzeichen der Stadt.

Wein rettet! Das Prinzip ist biblisch. Am Abend vor seiner Hinrichtung ließ Jesus einen Becher Wein im Jüngerkreis herumgehen. Dazu sagte er die Worte: **„Trinkt alle daraus! Das ist mein Blut, mit dem der neue Bund zwischen Gott und den Menschen besiegelt wird. Es wird zur Vergebung eurer Sünden vergossen."** Matthäus 26,27 NGÜ

Das drohende Feuer ist die Wut, der Zorn, der Hass, die Eifersucht, der Neid und überhaupt alle finsteren Regungen zu der wir Menschen fähig sind. Das Löschwasser ist die Botschaft vom gnädigen Gott. Dass da einer ist, der unser Boshaftes auf sich nimmt und uns eine zweite Chance bietet. Einer, der nicht gibt was wir verdienen, sondern schenkt, was wir uns niemals erarbeiten könnten: Frieden mit Gott.

Menü 8
Einsam, trostlos und verlassen

Von Freunden verlassen und ohne Schulter zum Anlehnen: Dann ist dieses Menu das Richtige für dich.

Vorspeise

Hagar dieser Input handelt von einer biblischen Frau, die unfreiwillig in die Einsamkeit geschickt wurde. Sie wurde von Menschen verstoßen, aber Gott hat sie nicht vergessen.

Hauptgang

Gemeinsam sind wir stark ein Impuls für ein Leben in Gemeinschaft. Mit der überraschenden Tatsache, dass Löwen eigentlich gar keine Zebras fangen können.

Dessert

The Little Church Around the Corner (Die kleine Kirche um die Ecke) ist ein berührendes Beispiel für eine Gemeinschaft, die allen Platz bietet – auch Schauspielern.

Weinempfehlung

Christen sind ein bunter Haufen handelt davon, dass echte Gemeinschaft eine große Portion Meinungsverschiedenheit und Unterschiedlichkeit erträgt.

Vorspeise: Hagar

Abraham und seine Frau Sarah reisten um das Jahr 2000 v. Chr. als Nomaden durch das Gebiet des heutigen Israels. Bei einem Abstecher nach Ägypten erhielten sie als Souvenir eine Sklavin: Hagar.

Diese Frau sollte sich als nützlich erweisen als Abraham und Sarah merkten, dass sie wohl keine Kinder kriegen konnten. Nach damaligem Recht galten Kinder, die der Clan-Chef mit einer Sklavin zeugte, als Nachkommen der offiziellen Frau.

Also wurde die Sklavin Hagar benutzt, um für Nachkommen zu sorgen – als eine Art Leihmutter, wie wir heute sagen würden. Doch kaum war Hagar schwanger, geriet sie in einen Streit mit ihren Chefs und flüchtete in die Wüste.

Keine schöne Geschichte: Zuerst als Sklavin verschenkt, dann als Leihmutter benutzt und zuletzt alleine in der Wüste sitzen gelassen. Wie würden du dich fühlen, wenn du merken würdest, dass du gebraucht wirst, damit anderen Leute ihre Wünsche erfüllt werden können?

Aber Hagar, die bei den Menschen ohne Ansehen war, hatte Ansehen bei Gott. In der Wüste erschien ihr ein Engel, ein Bote Gottes. Der Engel tröstete und ermutigte sie. Hagar merkte, dass auch wenn sie von allen

Menschen verachtet wird, Gott sie wahrnimmt und sich um sie kümmert.

Wer sind die Hagars unserer Zeit? Menschen, die weit weg von ihrer Heimat leben? Menschen, die von anderen ausgenutzt werden? Menschen, die verlassen wurden?

Wie gehst du heute mit diesen Menschen um? bist du dir bewusst, dass Gott jeden dieser Menschen wahrnimmt und sie in seinen Augen wertvoll sind?

„Und sie nannte den Namen des Herrn, der mit ihr redete: Du bist ein Gott, der mich sieht." 1. Mose 16,13 LUT

Hauptgang: Gemeinsam sind wir stark

Löwen sind große und starke Tiere. Männchen haben eine Schulterhöhe von 1.2 m und werden bis zu 225 kg schwer. Mit dieser Wucht, sollte es für sie doch ein Leichtes sein, ihre Beutetiere zu erlegen.

Aber, hast du gewusst, dass Löwen zu langsam sind, um ein Zebra zu fangen? Wenn sie voller Kraft los spurten erreichen sie eine Geschwindigkeit von 50 km/h. Dieses Tempo können sie aber nur während 250m halten, danach werden sie langsamer und müssen sich ausruhen. Zebras hingegen sind 65 km/h schnell. Will ein Löwe ein Zebra zum Abendessen verspeisen, muss er sich also etwas überlegen, wenn er nicht hungrig ins Bett will.

Um erfolgreich zu jagen schließen sich die Löwen zusammen. Untersuchungen in der Serengeti haben ergeben, dass Löwen zu zweit doppelt so große Chancen auf Erfolg haben als alleine. Den größten Erfolg haben sie, wenn sie ihre Jagdtechnik im Rudel koordinieren. Dabei verstecken sich einige Löwen im Hinterhalt, während die anderen die Beute aufschrecken und einkreisen. Sie treiben die Tiere auf den Hinterhalt zu und wenn das arme Tier nahe genug an die lauernden Löwen herankommt, schlagen sie blitzartig zu.

Ist das nicht erstaunlich? Selbst so große und starke Tiere wie die Löwen sind besser dran, wenn sie sich mit anderen zusammentun. Ich glaube, dass das auch für uns Menschen gilt. Wenn wir uns mit anderen zusammentun, kommen wir besser durchs Leben.

Das ist schon ganz am Anfang der Bibel so aufgeschrieben *„Es ist nicht gut, dass der Mensch allein lebt."* 1. Mose 2,18 HFA Gott hat uns Menschen so geschaffen, dass wir auf die Ergänzung und Unterstützung von anderen angewiesen sind.

Einerseits weil wir so auch in schwierigen Situationen jemanden haben, der uns beisteht und wieder auf die Beine hilft. Andererseits weil wir zusammen viel mehr erreichen können. Jeder Mensch hat unterschiedliche Fähigkeiten und Talente. Wenn wir uns zusammentun, ergänzen wir uns gegenseitig. Was dem einen nicht so gut gelingt, kann der andere mit Leichtigkeit.

Paulus beschreibt das im Kapitel 12 des ersten Korintherbriefes als das Zusammenspiel der verschiedenen Körperteile. Ein Auge allein kann man höchstens zum Murmeln spielen benutzen, aber im Zusammenspiel mit dem Rest des Körpers hat es eine sehr wichtige Aufgabe.

Bei den Löwen kommt es vor, dass schwächere Männchen vom Chef im Rudel vertrieben werden. Sie müssen sich alleine durchschlagen. Oft verhungern sie, weil sie nicht genügend Beute finden. Welchem Löwen bist du ähnlich? Einem, der im Rudel jagt und genug zu Essen hat? Oder einem einsamen Kämpfer, der oft mit hungrigem Bauch einschläft?

Dessert: The Little Church around the Corner

Meine Frau und ich machten Ferien in New York. Gleich am ersten Tag besuchten wir eine der „wichtigsten" Sehenswürdigkeiten:„**The Little Church Around the Corner**".

Diese kleine Kirche liegt im Schatten des Empire State Buildings. Die meisten Touristen nehmen sie gar nicht wahr. Falls du auch mal in New York warst und „The Little Church Around the Corner" verpasst hast, hier die Geschichte dazu:

„The Little Church Around the Corner" wurde 1801 erbaut. Das war ca. 100 Jahre vor dem ersten Wolkenkratzer in New York, dem Flatiron Building. Sie gehört zur Römisch-katholischen Kirche und heißt eigentlich „Church of the Transfiguration".

Den Übernamen „Little Church Around the Corner" verdankt die Kirche einer besonderen Anekdote, die sich so zugetragen haben soll:
1870 starb der Schauspieler George Holland. Seine Familie wandte sich an den Pfarrer, der normalerweise die Beerdigungen gehalten hätte. Damals galt der Beruf des Schauspielers als anrüchig und der Pfarrer

weigerte sich George Holland zu bestatten. Er gab der Familie aber den Tipp, dass es eine kleine Kirche um die Ecke gäbe, die so etwas machen würde.

Als Joseph Jefferson, ein naher Freund Hollands und ebenfalls Schauspieler davon erfuhr, soll er leidenschaftlich gesagt haben: **„Gott segne diese kleine Kirche um die Ecke!"**

Dieser Spruch ist noch heute in ein Fenster der Kirche eingearbeitet und wurde zum Namen der Kirche im Volksmund. Es ist tatsächlich so, dass bis heute etliche Schauspieler in dieser Kirche ihre geistliche Heimat gefunden haben.

Mich hat diese Geschichte berührt. Große und bekannte Kirchen üben eine gewisse Faszination aus. Ich glaube aber, dass bei Gott Größe und Bekanntheitsgrad nicht zählen. Was zählt, ist dass suchende Menschen eine Heimat finden. Die Stärke von Gottes Reich sind nicht prunkvolle Bauten, sondern dienende Herzen, die Menschen Gottes Liebe weitergeben – in Bescheidenheit und irgendwo um die Ecke.

Weinempfehlung: Christen sind ein bunter Haufen

Christen haben unterschiedliche Meinungen – und das ist völlig okay!
Ich las einen Satz, der mich bewegte: *„Ein jeder sei in seiner Meinung gewiss!"*
Dieser Satz steht nicht im Leitfaden für Parlamentarier und kommt auch nicht aus dem Lehrbuch der Muotathaler Wetterfrösche. Nein, dieser Satz steht in der Bibel, genauer im Vers Fünf des 14. Kapitels des Briefes des Apostels Paulus an die Christen in Rom (LUT).

Es geht um die wichtige Frage, wann und wie man als Christ einen Feiertag begehen soll. Da feiert zum Beispiel die eine Familie aus der Gemeinde ausführlich das jüdische Laubhüttenfest. Dabei schläft die ganze Familie im Garten in einem selbst gemachten Zelt aus Ästen. Die Nachbarsfamilie, die zur selben Gemeinde gehört, findet das total daneben. Sie verlangen von Paulus, dass er denen diesen jüdischen Brauch verbieten soll.

Der Apostel lässt sich nicht auf diesen Streit ein und sagt nur*: „Ein jeder sei in seiner Meinung gewiss!"*
Schon die ersten Christen konnten sich also nicht in allem einigen – und das ist total in Ordnung. Christen dürfen unterschiedliche Meinungen haben und trotzdem dem gleichen Herrn, nämlich Jesus Christus, nachfolgen.

Das ist eine Botschaft aus dem Neuen Testament, die mir im Gemeindealltag immer wieder hilft. Ich kann besser eine andere Meinung stehen lassen und vielleicht sogar das Positive darin sehen. Ich muss nicht gleich denken wie der andere – zusammen ergänzen wir uns und jeder streicht für sich eine Facette der Wahrheit heraus.

Es wäre doch schade, wenn aus lauter Harmoniesucht unsere Unterschiede eingeebnet würden. Stehen wir doch dazu, dass wir von einem unendlich kreativen Gott als Originale mit eigener Meinung geschaffen wurden. Lassen wir es zu, dass wir als Gemeinschaft der Jesus-Nachfolger Gott in seinem ganzen Reichtum und in seiner Vielfalt in dieser Welt repräsentieren.

Menü 9

Dankbar, happy und zufrieden

Wunder der Schöpfung, Gottes Hilfe im Leben und in allem das Gefühl, von der größten Macht der Liebe getragen zu sein. Es gibt viele Gründe zum Danken, lass dich anstecken:

Vorspeise

Lobpreis am Morgen ist ein Input über witzige Koboldmakis und ihr Talent für das Singen.

Hauptgang

Hanna hat den Überblick erzählt von einer Frau, die viel leiden musste aber trotzdem dankbar blieb. Entdecke ihr Geheimnis!

Dessert

Bäume loben Gott ist ein Text über Dankbarkeit, die unabhängig von der Uhrzeit ist.

Weinempfehlung

Gottes Bijouterie lässt dich über die unendliche Kreativität unseres Schöpfers staunen.

Vorspeise: Lobpreis am Morgen

Frühmorgens zwitschern die Vögel. Warum tun die das? Und warum nur am frühen Morgen? Biologen würden wohl sagen, dass das mit dem Abgrenzen des eigenen Reviers und der Brautwerbung zu tun habe. Glaube ich gern, aber mir hat die witzige Erklärung zu dieser Frage in einem Onlineforum auch gefallen. Es sei nämlich so, dass Vögel nur am Morgen zwitschern, weil sie später viel zu viel zu tun haben mit Futter suchen, Nest bauen, Junge füttern und ihnen das Fliegen beibringen. Und eigentlich sei das Gezwitscher auch kein Gesang, sondern das Diskutieren über Erziehungsfragen und Lebensprobleme.

Mag sein. Ich habe dazu noch eine ganz andere Antwort. Ich glaube, dass die Vögel zwitschern, weil sie sich über den neuen Tag freuen und dass ihr Zwitschern auch ein Danklied an den Schöpfer ist. Immerhin steht in Psalm 140,10 *„Lobet den Herrn auf Erden ihr Fische, …Tiere und alles Vieh, Gewürm und Vögel."*

Wenn wir nicht hier, sondern in Sumatra, Borneo oder den Philippinen erwachen würden, dann könnten wir neben dem Vogelgezwitscher am frühen Morgen auch noch das Gesangsduett der Koboldmakis hören.

Koboldmakis werden nur ungefähr 10-15 cm groß, haben aber einen Schwanz von 13-28cm Länge. Ihre Augen sind enorm groß. Im Verhältnis zur Körpergröße haben die Koboldmakis die größten Augen aller Säugetiere. Ebenfalls auffällig sind die langen Beine und Hände. Tagsüber klammern sie sich damit an einem dünnen Ast fest und schlafen. In der Nacht werden sie aktiv. Sie können sehr gut klettern und mit ihren starken Hinterbeinen Sprünge von bis zu fünf Metern machen. Auf die Größe eines Menschen umgerechnet wäre es dasselbe, wie wenn ein elf jähriges Kind bei den Petronas Towers in Kuala Lumpur vom einen Turm zum anderen springen könnte.

Eine Koboldmaki-Art (Tarsius Wallacei) hat eine ganz besondere Eigenart: Sie singt im Duett! Frühmorgens werden paarweise Gesänge angestimmt. Meistens beginnt das Weibchen und dann stimmt das Männchen in das Lied ein. Die Kinder machen ebenfalls mit und die ganze Familie zieht sich singend auf ihre Schlafplätze für den Tag zurück.

Mir hat das Gesangsduett der Koboldmakis am Morgen gefallen. Es klingt wie melodiöses Vogelgezwitscher. Den Makis dient es als Schlaflied. Egal ob ich mein Loblied vor dem zu Bett gehen, oder kurz nach dem Aufstehen singe: Das Wichtige dabei ist, dass es ein ehrlicher Ausdruck von Freude und ein Lob an Gott ist, der mich und auch die Koboldmakis geschaffen hat. Gerade so wie es im Psalm 92, einem Lied zum Sabbat, beschrieben ist: **„*Wie gut ist es, dir, Herr, zu danken und dich, du höchster Gott, zu besingen, schon früh am Morgen deine Gnade zu loben und noch in der Nacht deine Treue zu preisen.*"** HFA

Hauptgang: Hanna hat den Überblick

Hanna (84) sorgt für eine Überraschung!

Maria und Josef besuchen mit ihrem Baby Jesus den Tempel in Jerusalem. Eine 84 jährige Frau kommt auf die junge Familie zu. Es ist Hanna, eine Frau mit einer tragischen Lebensgeschichte. Ihr Mann starb nach nur sieben Jahren Ehe. Ein schwerer Schicksalsschlag. Das Leben als Witwe war damals ein hartes Los.

Im zweiten Kapitel des Lukasevangeliums lesen wir davon, wie Hanna nach dem Tod ihres Ehemannes täglich in den Tempel ging, um zu beten. In ihrer Not fand sie Zuflucht bei Gott. Sie betete sicher auch für eine politische Wende, für einen Befreier, der Israel von den Unterdrückern befreien soll – sie bat Gott um den Messias.

Als die junge Familie den Tempelbezirk betritt, ist für Hanna sofort klar: Dieses Baby ist etwas Besonderes. Es ist der Messias, auf den alle gewartet haben. Hanna beginnt, Gott zu loben und allen vom Wunder dieses Kindes zu erzählen.

Die Reaktion der Hanna überrascht!

Ich denke, dass diese Frau in ihrem Leben einige offene Fragen gehabt hat. Warum musste ihr Mann so früh sterben? Warum lässt Gott das zu? Und warum kommt der Messias erst jetzt, wo ich 84 Jahre alt bin – und nicht damals, als ich ihn so dringend gebraucht hätte? Denn damals, als sie ihren Mann verlor, hätte sie einen Retter und Helfer dringend gebraucht.

Als Hanna den Messias sieht, sind ihre Fragen offenbar nicht mehr wichtig. Sie fängt direkt an, Gott zu loben. Die schwere Last, die sie ein Leben lang mit sich herumgetragen hat, fällt in dem Moment nicht mehr ins Gewicht. Sie sieht ihr eigenes Leben in einem anderen Licht. Sie begreift Gottes übergreifenden Plan der Rettung. Er hat sein Versprechen gehalten. Das Unmögliche wird denkbar. Licht scheint in der Finsternis.

Die Freude über die Ankunft von Jesus in dieser Welt überstrahlt alles. von Hanna kann ich viel lernen. In meinen Gebeten dreht sich viel um mich selbst. Ich bin einfach zu stark von meinen Alltagsproblemen eingenommen. Darum tut es mir gut, wenn ich beim Beten den Blick der Hanna einübe: Weg von mir, hin zu Jesus.
Für mich heißt das praktisch, dass ich vermehrt danke. Ich danke für Jesus, dass mit ihm Gottes bedingungsloses Ja zu uns Menschen in die Welt gekommen ist (2. Korinther 1,19). Danke, dass er mit seinem Sterben und Auferstehen die Tür zu Gott aufgestoßen hat (Johannes 10.9). Danke, für das hoffnungsvolle Konzept für die Zukunft, das durch Jesus Wirklichkeit wird: Keine Tränen, keine Schmerzen und keine Angstschreie mehr (Offenbarung 21).

Der Blick auf Jesus hilft mir auch dabei, meine persönlichen Gebetsanliegen im richtigen Licht zu sehen. Damit meine ich nicht, dass sie nicht wichtig wären. Wir dürfen vor Gott auch unsere banalen Alltagssorgen ausbreiten. Er kümmert sich gerne darum. Aber das ist nicht das Zentrum des Betens. Es ist viel wichtiger, dass Jesus mit mir zum Ziel kommt, als dass ich Jesus für meine Ziele einspanne.

Ein Beispiel: Ich fahre mit dem Fahrrad auf eine Ampel, die Rot zeigt, zu. Hin und wieder bete ich dafür, dass die Ampel auf Grün schaltet. Das kann man lächerlich finden – mir ist es wichtig, dass ich auch so beten darf. Es gehört zu meinem Unterwegssein mit Jesus, dass ich auch kleine Dinge mit ihm teile. Das lasse ich mir nicht nehmen.

Aber wie reagiere ich, wenn die Ampel auf Rot stehen bleibt? Hoffentlich gelassen. Vielleicht soll ich ja lernen, besser mit meiner Zeit umzugehen. Oder vielleicht hat gerade jemand aus der anderen Richtung das gleiche Gebet gesprochen, einfach ein paar Sekunden früher? Im besten Fall nutze ich die Zeit vor der Ampel, um für etwas zu beten, das wirklich wichtig ist. Das ist allemal besser als grünes Licht.

Von Hanna lerne ich, beim Beten den Überblick zu behalten und nicht zu sehr auf mich selbst fokussiert zu sein. Das nimmt nebenbei auch noch eine Menge Druck aus meinem Gebetsleben. Denn so erwarte ich mehr von Jesus und weniger von mir und meiner eigenen Kraft.

Dessert: Bäume loben Gott

"Es sollen jauchzen alle Bäume im Walde!" Psalm 96,12 LUT

Ich erinnere mich an den Sonntag, an dem ich über diesen Bibeltext predigte. Die Stimmung der Zuhörer hob sich, als ich zusätzlich aus Jesaja 55,12 zitierte: *"Berge und Hügel brechen in Jubel aus, und die Bäume am Weg klatschen in die Hände."*

In sichtlich erheiterte Gesichter blickte ich, als ich den Anwesenden folgende Frage stellte: "Was für eine Beziehung haben Bäume zu Gott? Gehen die auch in die Kirche um Gott zu loben?"

Ich erinnere mich noch lebhaft an meinen Besuch im botanischen Garten in Kandy (Sri Lanka). Dort habe ich Bäume gesehen, wie ich sie mir vorher nicht vorstellen konnte. Zum Beispiel hatten die meterlange Wurzeln, die scheibenförmig über der Erde liegen. Andere hatten schräg laufende Stämme die der Schwerkraft zu trotzen schienen und wieder andere gekringelte Äste. Ich fühlte mich wie auf einem fremden Planeten.

Bäume haben eine Beziehung zu Gott. Sie wurden von ihm geschaffen. In ihrer Vielfalt und Originalität weisen sie durch ihr Sein auf die unerschöpfliche Kreativität Gottes hin. Sie müssen nicht zuerst in eine Kirche um Gott zu loben. Ihr ganzes Wesen ist Lobpreis, rund um die Uhr.

Wie ist das bei mir? Ist Lobpreis etwas, wozu ich einmal pro Woche die Kirche besuche?

Für mich ist Lobpreis oft etwas, das zu einer bestimmten Zeit an einem bestimmten Ort stattfindet. Meistens sonntags um 9.30 Uhr in der Kirche für eine halbe Stunde. Eigentlich schade um die restlichen 167,5 Stunden der Woche.

Deshalb will ich mir die Bäume als Vorbild nehmen. Lobpreis soll kein besonderer Anlass sein, sondern eine Haltung, die mein Wesen durchdringt. Vom Wecker-Klingeln bis zu den Träumen in der nächsten Nacht, wünsche ich mir eine Verbundenheit mit Gott. Ein Leben, das getragen ist von einem Gefühl der Dankbarkeit. Ein Alltag im lebendigen Kontakt zu Gott.

Weinempfehlung: Gottes Bijouterie

Erinnerst du dich an deinen letzten Besuch in einer Bijouterie, einem Geschäft in dem der schönste und teuerste Schmuck verkauft wird? Meistens sind es ganz kleine Stücke, die sehr, sehr teuer sind. Goldringe mit Diamanten oder Halsketten mit Südseeperlen.

Die kostbaren Schmuckstücke in Bijouterien sind immer grell beleuchtet und auf feinen Stoffen präsentiert. Damit sie nicht gestohlen werden, hat es einbruchsicheres Fenster und manchmal sogar einen Wachmann neben der Türe.

Gott hat auch eine Bijouterie. Er hat eine Reihe von ganz besonders hübschen Tieren geschaffen. Sind diese Schmuckstücke auch hinter Panzerglas? Werden sie auch von einem Wachmann bewacht? Nein, sie schwimmen ganz frei in den Korallenriffen des Ozeans herum.

Besondere Meeres-Schmuckstücke sind die Zwergseepferdchen. Die zierlichen Tiere sind nur 1,3 bis 1,5 cm gross.
Spannend bei den Seepferdchen ist, dass wenn sie Babys bekommen nicht die Mama, sondern der Papa den dicken Bauch bekommt.

Das geht so, dass die weiblichen Seepferdchen nach einem liebreizenden Paarungstanz, ihre Eier den männlichen in einer Hauttasche am Bauch ablegen. Dort werden sie mit den Spermien des Männchens befruchtet und verwachsen so mit der Bauchhaut, dass sie sogar vom Papa mit Nährstoffen versorgt werden. Wenn sie groß genug zum Schlüpfen sind, dann verlassen sie die Bauchtasche und sind gleich selbständig. Diese kleinen Schmuckstücke sind dann nur ein paar wenige Millimeter groß – und wunderschön!

Wenn das Sonnenlicht durch die Meeresoberfläche gedämpft auf die bunten Korallen trifft und so ein Mini-Schmuckseepferdchen fröhlich darin herumtanzt, dann stellt das jede Bijouterie auf dieser Welt in den Schatten. Nichts was von Menschen geschaffen wird ist so schön wie auch nur diese kleinsten Seepferdchen, die ganz unbeachtet im Ozean schwimmen.

Gottes Bijouterie ist überwältigend schön. Großartig ist alles, was er geschaffen hat. Die Natur ist voller Wunder. Ist das nicht Grund genug, Gott zu preisen und ihm herzlich für diesen wunderschönen Ort zu danken, den wir Erde nennen?

O Herr, welch unermessliche Vielfalt zeigen deine Werke! Sie alle sind Zeugen deiner Weisheit, die ganze Erde ist voll von deinen Geschöpfen. Da ist das Meer – so unendlich groß und weit, unzählbar sind die Tiere darin, große wie kleine.
Psalm 104, 24 + 25 HFA

Menü 10

Arbeit, Leistung und Burnout

In der Hetze des Alltags zur Ruhe kommen. Das Leben genießen und entspannt die richtigen Entscheidungen treffen. In diesem Menu geht es genau um diese Dinge.

Vorspeise

Lobpreis zuerst was wir von einem König aus dem Altertum lernen können.

Salat

Chef nimmt Auszeit – zum Glück ist ein Text über die Tatsache, dass weniger manchmal mehr ist.

Hauptgang

Gottes Stimme hören Ja, Gott spricht und man kann ihn hören. Dieser Input zeigt dir, wie das geht.

Dessert

Gebetsachterbahn ein Impuls darüber, dass es beim Beten nicht um Leistung und Erfolg geht.

Weinempfehlung

Schlaf gut ein Input über ein verblüffend einfaches Rezept um einen gelasseneren Lebensstil einzuüben.

Vorspeise: Lobpreis zuerst

Mit welchen Gefühlen gehst du auf die nächsten Tage zu? Gibt es einen Termin, der dir jetzt schon Sorgen bereitet? Oder ein Qualifikationsgespräch mit dem Chef? Einen Zahnarztbesuch oder sonst eine unangenehme medizinische Behandlung?

Wenn du zu den Menschen gehörst, die in der nächsten Zeit etwas Schweres durchstehen müssen, dann lies hier weiter über Joschafat. Dieser biblische Mann hat eine echt ermutigende Botschaft für dich!

Joschafat war König von Juda. Seine schwerste Stunde erlebte er, als sich drei feindliche Armeen zusammenschlossen und gegen ihn aufmarschierten. Boten meldeten Joschafat die Größe dieser Armeen: Keine Chance denen entgegenzutreten – der König sah seinem Untergang ins Auge.

In dieser aussichtslosen Situation begann Joschafat zu beten. Er breitete seine Angst vor Gott aus und gab zu, dass er mit seiner Kraft am Ende war. Er wusste, dass in dieser Situation nur noch Gott helfen konnte.

Darum gab er nach dem Gebet einen Befehl an seine Soldaten, der total lächerlich klingen mag. Er befahl, dass die Lobpreissänger an der Spitze des eigenen Heeres marschieren sollten. Das war ein irrer Plan um diesem übermächtigen Heer zu begegnen: Musiker an die Front! Wäre ich damals König gewesen, ich hätte sicher anders entschieden und hätte die besten Soldaten, die Elitetruppen, vorausgeschickt. Ganz anders Joschafat: Mit seinem Befehl hatte er gezeigt, dass er nicht auf menschliche Stärke, sondern ganz auf Gottes Eingreifen vertraute.

Dieses Vertrauen lohnte sich. Als die Sänger mit dem Singen angefangen hatten, passierte ein Wunder. Die drei gegnerischen Armeen verloren die Orientierung und gingen aufeinander los. Am Ende mussten die Soldaten Joschafats nicht einmal mehr kämpfen, die Feinde hatten sich gegenseitig ausgeschaltet.

Ins Heute übertragen heißt die Botschaft von Joschafat: Gottvertrauen lohnt sich! Gott hilft und gibt Kraft, auch wenn wir keinen Ausweg sehen. Das gilt auch für die schweren Stunden die dich in der nächsten Zeit erwarten: Gott kennt sie, er kommt mit und gibt Kraft. Mache es doch genau so wie Joschafat und geh mit Gebet und Lobpreis in die nächsten Tage – egal, was dich erwartet!

Salat: Chef nimmt Auszeit – zum Glück

Es war der stressigste Tag im Leben von Moses. Nur einige Wochen waren vergangen, seit er mit einem Volk von entlaufenen Sklaven vor dem Pharao geflohen war. Nach den logistischen Herausforderungen „was sollen wir in der Wüste trinken?" und „Was sollen wir bitteschön essen?" folgte nun ein brüllendes Kriegsheer, das direkt auf die Israeliten zukam:

Amalek! Die wollten Gold und Sklaven. Sie waren gut bewaffnet und kriegserfahren. Schlimmer konnte es nicht kommen.

Unter den Israeliten war Moses einer der wenigen, der Ahnung vom Krieg hatten. Er wuchs am Hof des Pharaos auf und wurde dort auf eine leitende Position im Staat vorbereitet. Wahrscheinlich gehörten zu seiner Ausbildunge auch ein paar Lektionen zum Thema „Krieg führen" dazu. Wenn es jetzt zum Krieg kommen sollte, war Moses wohl der einzige, der davon eine Ahnung hatte. Moses war der beste Mann. Er gehörte auf den Kommandoposten.

Was machte Moses an seinem stressigsten Tag? Er nahm eine Auszeit. Der Chef trat von der Bühne und stieg auf einen Hügel um zu beten. Und siehe da, solange er die Hände zum Gebet erhoben hatte, siegte Israel. Ließ er sie sinken, gewannen die Feinde. Er hielt aus, Freunde halfen ihm und der Angriff wurde erfolgreich abgewehrt. Moses hatte an diesem Tag genau das Richtige gemacht – Gott sei dank! Wenn es ums Beten geht, denke ich oft: „Nicht jetzt! Keine Zeit! Ich werde beten wenn ich weniger gestresst bin." Wenn Moses so gedacht hätte, wäre die biblische Geschichte schon im zweiten Mosebuch zu Ende gewesen.

Das will ich von Moses lernen: Beten hat Priorität!

Hauptgang: Gottes Stimme hören

Silvia arbeitet in einem Logistikcenter eines großen Detailhändlers. Auf verschiedenen Regalen liegen dort über 1000 verschiedene Artikel.

Wenn Silvia mit der Arbeit beginnt, steigt sie auf einen Elektrowagen, der ganz ähnlich wie ein Gabelstapler aussieht. Sie zieht einen Kopfhörer mit Mikrofon an und nun beginnt die Fahrt. Über die Kopfhörer erteilt eine Computerstimme ganz genaue Anweisungen. „Platz 15" heißt es da zum Beispiel. Das bedeutet, dass Silvia mit ihrem Wagen in den Gängen des Lagers bis zum Regal mit der Nummer 15 fahren soll. Dort angekommen steht eine Nummer, die sie zur Bestätigung an den Computer übermittelt. Stimmt die Angabe, gibt der Computer die nächste Anweisung „Auftrag 1,3", zum Beispiel. Das heißt, dass auf die eine Ladefläche des Wagens drei Artikel kommen. Dann vielleicht „Auftrag 2,4", was heißt, dass auf die zweite Ladefläche vier Stück des Artikels gehören. Sind die Waren aufgeladen, bestätigt Silvia mit „OK" und der Computer erteilt den nächsten Auftrag. So kurven Silvia und ihre zwei weiteren Arbeitskollegen den ganzen Tag durch die Regale.

Gesteuert von einer Computerstimme – gespenstisch, nicht? Silvia und ich sind froh, dass die Kontrolle des Computers über ihr Leben mit dem Ausloggen aufhört. Was in einem Logistikcenter bei der Arbeit hilft, wäre im Alltagsleben der blanke Horror. Stell dir vor, jeder deiner Schritte würde dir von einem Computer befohlen! Das wäre kein Leben mehr.

Und doch gab es eine Zeit in meinem Leben, in der ich mich nach solch einer Stimme sehnte. Natürlich dachte ich dabei nicht an eine Computerstimme, sondern an die Stimme Gottes. Ich wünschte mir, dass Gott klipp und klar mit mir sprechen würde: Welcher Beruf zu mir passt, wohin ich in die Ferien soll und ob ich dieses Gerät wirklich kaufen soll. Zu diesen Dingen sollte doch der allwissende Gott seinen Kommentar abgeben, das hätte mir das Kopfzerbrechen erspart. In meinem Wunsch von Gott Tipps für meinen Lebensalltag zu erhalten, merkte ich lange Zeit gar nicht, dass ich ihn damit zu einer mickrigen Computerstimme degradierte.

Gott ist anders. Gott ist kein billiger Antwortautomat, sondern ein lebendiges Gegenüber. Er, mein Schöpfer, hat mich ins volle Leben hineingestellt. Ich soll daran wachsen, reifen und zu einem Menschen werden, der etwas von der Herrlichkeit des Schöpfers in unsere Zeit hineinreflektiert. Das geht nur mit einem lebendigen Gott, der mehr ist als eine Computerstimme, die Anweisungen ausspuckt.

Dessert: Gebetsachterbahn

Eine Freundin bittet um Gebet für ihr Kind, das Grippe-Symptome zeigt. Ich bete und am nächsten Tag ist das Kleine gesund. Ich bin happy!

Dann liegt der eigene Sohn mit Grippe im Bett. Die ersten beiden Tage versuche ich es mit Beten, dann hör ich auf. „Bringt ja doch nichts!", denke ich entmutigt. Der Junge hat eine Woche lang Fieber.

Dann ein Not-SMS von jemandem, der die Speicherkarte mit allen Ferienfotos unterwegs verloren hat. Ich bete und 30 Minuten später kommt die Nachricht, dass die Karte gefunden wurde. „Nützt doch was, das Beten! – oder?"

Die beschriebenen Erlebnisse habe ich alle innerhalb einer Woche gemacht. Ich bin Gebetsachterbahn gefahren. Als Gebete erhört wurden, war ich im Hoch. Als es harzte, kam der Blues. Das Auf und Ab hat mich gestresst.

Bis ich gemerkt habe: Die Frage nach dem Nutzen eines Gebets ist die falsche Herangehensweise.

Beim Beten lade ich nicht Gott in meine Probleme ein, sondern Gott lädt mich in seine Gegenwart ein. Gebet ist Hinwendung zu Gott – egal ob da jetzt ein messbarer Nutzen rausschaut. Ich will mich darum nicht vom

Erfolg oder vom Nutzen abhängig machen. Denn Gebet bezieht seinen Wert nicht aus der sichtbaren Welt, sondern aus der unsichtbaren.

Hier ein Bibeltext, der mir geholfen hat, aus der Gebetsachterbahn auszusteigen und festen Grund unter meine Füße zu bekommen:

Denn unsre Trübsal, die zeitlich und leicht ist, schafft eine ewige und über alle Massen gewichtige Herrlichkeit, uns, die wir nicht sehen auf das Sichtbare, sondern auf das Unsichtbare. Denn was sichtbar ist, das ist zeitlich; was aber unsichtbar ist, das ist ewig.

2. Korinther 4,17+18 LUT

Weinempfehlung: Schlaf gut

Guten Morgen – Jetzt wär's doch schön, noch im Bett zu liegen. Statt aufstehen und arbeiten, einfach noch ein bisschen schlafen und erst kurz vor dem Mittagessen aufstehen. Das wär doch viel schöner gewesen, als jetzt schon Stress, Arbeit und Leistung bringen.

Hast du gewusst, dass Gott genau so denkt? Er findet es toll, wenn Menschen lange genug schlafen. In Psalm 127,2 steht das schwarz auf weiß:
„Es ist umsonst, dass ihr früh aufsteht und hernach lange sitzet und esset euer Brot mit Sorgen; denn seinen Freunden gibt er es im Schlaf." LUT

Der Psalm wurde vom biblischen König Salomon geschrieben. Der war sicher kein Faulpelz. Als König hatte er eine große Verantwortung und hatte viel geleistet. Dass wir Menschen arbeiten, ist nicht falsch – aber die Arbeit darf nicht das Wichtigste im Leben sein.

Wir brauchen Zeiten der Erholung und Entspannung. Und auch Zeiten, in denen wir unsere Beziehung mit Gott in aller Ruhe pflegen.

Wenn du heute lieber im Bett geblieben wärst, wenn du dich matt und ausgelaugt gefühlt hättest – dann wäre es höchste Zeit, dass du deinen Rhythmus von Arbeit und Erholung veränderst. Das kann bedeuten, dass du gewisse Aktivitäten aus deinem Wochenprogramm streichst und vielleicht einmal früher ins Bett gehst. Oder, dass du nach dem Mittagessen eine Siesta hältst, dich aufs Ohr legst oder dir eine Zeit der Ruhe und des Gebets nimmst. Ist nicht heute ein guter Tag, um mit so einer entspannenden Routine anzufangen?

Menü 11

Alltag voller Möglichkeiten

In diesem Menu geht es um Glauben im Alltag. Die Herausforderungen einer anstrengenden Woche sind der Schleifstein, der den Diamanten des Glaubens zum Glänzen bringt.

Vorspeise

Luxusuhr im Gully ein Text darüber, dass man im grauen Alltag immer wieder eine glänzende Überraschung finden kann.

Salat

Was tun Christen ein Impuls über alltägliches Christsein.

Hauptgang

…und du sollst ein Segen sein ein Input, der dir einen Hinweis auf Gottes Ziel mit deinem Leben gibt. Du lebst mit gutem Grund!

Dessert

Licht der Welt denkt darüber nach, was man als Einzelner für einen Unterschied ausmachen kann.

Weinempfehlung

Schönheitskonkurrenz in diesem Input frage ich dich, was in deinem Leben wirklich zählt.

Vorspeise: Luxusuhr im Gully

Aaron Large aus der englischen Ortschaft Westcliff-on-Sea arbeitet bei der Straßenreinigung. Es gehört zu seinem Beruf, die Abwasserkanäle der Stadt zu putzen. Das ist eine wichtige Aufgabe – aber auch eine, bei der man dreckig wird.

Im Februar 2013 passierte etwas Besonderes. Aaron Large glitzerte beim Gully putzen etwas Goldenes entgegen. Es war eine teure Luxusuhr, die er dort mitten aus dem Dreck herauszog. Damit aber nicht genug. Beim weiteren Stochern kamen eine zweite, eine dritte und eine vierte Luxusuhr zum Vorschein.

Er fragte sich, wie diese teuren Uhren in den Kanalschacht gelangt waren. Und ob er seinen Fund würde behalten können oder ob sich der Besitzer noch melden werde. Aaron Large fand das bis zum Erscheinen des Zeitungsartikels über seine Geschichte noch nicht heraus.

Seit ich diese Geschichte gehört hatte, ging mir ein Bild nicht mehr aus dem Kopf: **Da ist einer, der ganz treu seinen gewöhnlichen Alltagsjob macht – und findet dabei einen großen Schatz!**

Als ich weiter darüber nachdachte, kam mir in den Sinn, dass wir beim gewöhnlichen Arbeiten viel wertvollere Dinge entdecken können als goldene Uhren. Ich meine damit Werte wie Zufriedenheit, Gelassenheit, Liebe, Hilfsbereitschaft, Ehrlichkeit und Freude.

Sind das nicht Dinge, die man mit keinem Geld der Welt kaufen kann – und gleichzeitig Dinge, die man auch in einer ganz einfachen Alltagsaufgabe finden kann? Vielleicht gerade heute?

Salat: Was tun Christen

Was bedeutet es, ein Christ zu sein? Christen sind Nachfolger von Jesus Christus: Sie versuchen in jeder Situation das zu tun, was Jesus getan hätte.

Das ist nicht immer einfach. Stellen wir uns das Anstehen an der Kasse im Supermarkt vor. An der Spitze der Warteschlange steht eine sehbehinderte Frau. Sie tastet nach den Münzen, die sie zum Zahlen braucht. Die Wartenden werden langsam nervös. „Hätte die ihr Geld nicht vorher abzählen können?" flüstern die einen, „Oder könnte sie nicht wenigstens mit einer großen Note bezahlen?", die anderen.

Wie hätte sich Jesus in dieser Warteschlange wohl verhalten? Diese Frage stelle ich mir als Christ, denn als solcher bin ich ja per Definition ein Nachfolger von Jesus, also einer der sich in seinem Handeln an Jesus orientiert.

Beim Nachdenken über mein Vorbild Jesus kommen mir verschiedene Bibelstellen in den Sinn. Zum Beispiel: *„**Geduld habt ihr nötig!**"*, aus dem Hebräerbrief 10,36 LUT. Wahrscheinlich wäre es für Nachfolger von Jesus in dieser Situation richtig, diesen Charakterzug Jesu zu trainieren und geduldig zu bleiben.

Damit ist es aber noch nicht getan. *„**Einer trage des anderen Last!**"*, steht im Galaterbrief 6,2 LUT. Christen sind also dazu aufgefordert, dieser Frau freundlich Hilfe anzubieten und am besten die schweren Taschen bis vor die Haustür zu tragen. Doch auch dort ist es noch nicht zu Ende. Von Jesus wissen wir, dass er für Menschen, die nicht sehen konnten, betete und sie heilte. Also würden wir an der Haustür dieser Frau unsere vom Tragen müden Hände zum Gebet falten und Gott um ein Heilungswunder bitten.

Du siehst: Es ist gar nicht so einfach, wie Jesus durchs Leben zu gehen – aber umso spannender! Dabei würden wir viel erleben!

Ich habe an mich selbst nicht den Anspruch, in jeder Situation wie Jesus reagieren zu können. Und das Beispiel von der sehbehinderten Frau an der Supermarktkasse ist vielleicht etwas übertrieben. Trotzdem will ich nicht damit aufhören, mich in meinem Alltag von Jesus inspirieren zu lassen. Er soll mir immer wieder zeigen, was es bedeutet sein Nachfolger zu sein und zu tun, was er getan hat.

Hauptgang: ...und du sollst ein Segen sein

Abraham wird von Gott überrascht. Mitten in der Wüste spricht er ihn an und macht ihm ein außergewöhnliches Versprechen: Aus seinen Nachkommen soll ein großes Volk entstehen und durch dieses Volk soll das ewige Licht Gottes in die ganze Welt hinausscheinen. Frieden und Hoffnung sollen zu allen Menschen kommen. Gott fasst seinen Plan mit folgenden Worten zusammen: *„Ich will dich segnen, ...und du sollst ein Segen sein!"* 1. Mose 12,2 LUT.

Der erste Teil von Gottes Plan ist der, dass er zuerst Abraham persönlich beschenken will. Im zweiten Teil soll Abraham dieses Geschenk an andere Menschen weitergeben. Der erste Teil klingt für mich attraktiver. Von Gott gesegnet und beschenkt zu werden, ist doch wunderbar!

Dabei denke ich nicht nur an materielle Dinge wie ein schönes Haus und ein schnelles Motorrad. Innere Ausgeglichenheit, gute Beziehungen und eine spannende Lebensaufgabe nehme ich gerne als Gottes Geschenk an. Ich lasse mich gerne segnen!

Der zweite Teil von Gottes Plan stellt hingegen eine echte Herausforderung dar. Segen an andere Menschen weiterzugeben ist gar nicht so einfach. Es kostet Zeit, Kraft und leert mein Bankkonto. Dazu kommt die Angst, dass wenn ich Gottes Segen weitergebe am Ende zu wenig für mich übrig bleibt.

Dabei ist es mit unserem Leben gleich wie mit dem Zu- und Abfluss eines Sees. Wenn der Abfluss verstopft ist, gibt es Überschwemmungen, Sumpf und das schöne Ufer verwandelt sich in einen trüben Tümpel. So geht das auch mit Gottes Segen: Wenn ich ihn nur für mich selbst in Anspruch nehme und versuche, ihn zu konservieren, dann verliert er die Frische und wird modrig. Aus dem Quellwasser wird eine Kloake.

Wenn der See unseres Lebens lebendig und sauerstoffreich bleiben soll, dann müssen beide Teile von Gottes Plan zur Geltung kommen. Das Empfangen und das Weitergeben von Segen.

Überlege dir gerade heute, auf welchem Weg du etwas von Gottes Segen an jemand anderen weitergeben könntest. In Form eines Geschenks, eines guten Wortes, einer Hilfeleistung, eines Gebets… Ich bin sicher, dass du damit am Ende dieses Tages nicht weniger haben, sondern dadurch beschenkt werden wirst. Probier es!

Dessert: Licht der Welt

In der Bibel steht ein Vers, der mich immer wieder zum Nachdenken bringt. Jesus sagt dort über seine Leute: *„Ihr seid das Licht der Welt!"* Matthäus 5,14 LUT

Wenn ich meinen Alltag anschaue, frage ich mich, wo genau ich so ein Licht bin und wie dieses Licht überhaupt aussieht. Ein starker Scheinwerfer bin ich sicher nicht, vielleicht eine kleine Taschenlampe.

In der Zeitung habe ich eine Meldung gelesen, die mir neuen Mut gemacht hat. Ein Autofahrer fuhr in stockdunkler Nacht nach Madiswil. Das kleine Dorf liegt im schweizerischen Emmental. Der Fahrer schätzte eine Abzweigung falsch ein und landete auf den Bahngeleisen. Das Auto blieb mitten auf den Schienen stecken: Eine lebensgefährliche Situation!

Sein Beifahrer hatte aber richtig reagiert. Im nächsten Bauernhaus lieh er sich eine Taschenlampe und rannte dem Zug entgegen, der von Huttwil her angefahren kam. Damit warnte er den Lokführer rechtzeitig. Dieser konnte bremsen und donnerte nicht ins blockierte Auto hinein.

Mit einem kleinen Licht wurde ein großes Unglück verhindert. Ich glaube, dass das auch für mein Leben gilt. Bei Gott muss ich kein Megascheinwerfer sein – er kann auch mein kleines Licht brauchen, um diesen Tag ein wenig heller zu machen.

Weinempfehlung: Schönheitskonkurrenz

Ich sah eine Reportage über einen Schönheitswettbewerb. Ein Journalist berichtete von den Vorbereitungen hinter den Kulissen. Hübsche junge Frauen machten sich zurecht, wurden geschminkt, ließen sich frisieren und waren nervös auf den großen Auftritt.

Dabei stellte der Reporter allen dieselbe Frage: „Gibt es irgendetwas auf dieser Welt, das du für deine Schönheit eintauschen würdest?" Ohne lange nachzudenken antworteten die Frauen mit einem „Nein!" – außer einer. Ein Hauch von Sorge huschte über ihr sonst permanent lächelndes Gesicht und sie sagte: „Für die Gesundheit meiner Familie."

Die Antwort dieser Frau berührte mich. Mitten in diesem Rummel um blendendes Aussehen, ließ sie für einen Augenblick Mitgefühl zu. Die anderen waren dazu nicht in der Lage. Neben dem Wunsch hübsch auszusehen, fand nichts mehr Platz. Zu stark waren sie von sich selbst eingenommen.

Um von sich selbst eingenommen zu sein, muss man nicht einmal Miss-Kandidatin sein. Es passiert auch mir, dass ich mich so stark auf meine Arbeit, meine Ziele und meinen Erfolg fokussiere, dass ich dabei die Bedürfnisse anderer Menschen vergesse. Auch ich brauche hin und wieder so einen Journalisten, der mir in meinem hektischen Alltag die Frage stellt: „Gibt es irgendetwas auf der Welt, dass du für das, was dir jetzt gerade wichtig ist, eintauschen würdest?"

Dieses Menu ist für alle, die immer noch Hunger haben. Wir haben noch lange nicht genug – denn das Beste kommt noch!

Vorspeise

Ewiger Kalender ein Input über eine Uhr, die jetzt schon weiß, in welchen Nächten im Jahr 2299 Vollmond ist.

Hauptgang

Willkommen im Himmel dieser Text handelt über das Leben nach dem Tod. Was wird uns erwarten?

Dessert

Auf Wanderschaft eigentlich sind wir alle Wüstenwanderer mit hoffnungsvoller Perspektive. Wir erwarten, dass das Beste erst noch kommt!

Vorspeise: Ewiger Kalender

Eine Schweizer Firma baut eine Armbanduhr mit eingebautem ewigen Kalender. Ewig heißt in diesem Fall bis ins Jahr 2299. 659 mechanische Teile sorgen dafür, dass diese Uhr genau sagen kann, wann ein Schaltjahr sein wird und bei welchen Jahrhundertwechseln der Schalttag am 29. Februar ausfällt.

Des Weiteren zeigt die Uhr auch die Mondphasen an. Dieses kleine technische Wunderwerk weiß also heute schon, in welcher Nacht im Dezember 2299 Vollmond ist!

Ich werde diese Nacht selber nicht erleben, aber vielleicht meine Nachfahren. Was werden das für Leute sein? Welche Sprache werden sie sprechen? Wo werden sie wohnen und werden sie in dieser zukünftigen Vollmondnacht ruhig schlafen?

Werden sie ein glückliches und sinnerfülltes Leben führen? Oder werden sie in Not und Unsicherheit leben? Was für Träume werden meine Nachfahren in der Vollmondnacht 2299 träumen – gute oder böse?

Diese Armbanduhr hat es in sich. Würde ich sie am Handgelenk tragen, würden meine Gedanken wohl immer wieder diesem ewigen Kalender in die Zukunft folgen und verschiedene Gefühle der Erwartung und Sorge auslösen.

Dabei will ich heute gar nicht wissen, wann meine Nachfahren in der zehnten Generation, wegen des Vollmonds schlecht schlafen und böse Träume haben werden. Ich habe mit den Sorgen für den heutigen Tag genug. Heute lebe ich – und für dieses Heute brauche ich Kraft.

Ich habe die Erfahrung gemacht, dass mir der Bezug zu Gott gerade in sorgenvollen Momenten die Kraftquelle ist. Von Gott weiß ich, dass er die Gegenwart und die Zukunft in seinen Händen hält.

Wenn ich spüre, wie er mich heute hält, dann bin ich mir sicher, dass er auch meine Nachfahren in dieser kommenden Vollmondnacht im Jahr 2299 halten wird – und er wird sie nach ihren bösen Träumen wieder ruhig schlafen lassen.

__Quält euch also nicht mit Gedanken an morgen; der morgige Tag wird für sich selber sorgen. Es genügt, dass jeder Tag seine eigene Plage hat.__ Matthäus 6,34 NGÜ

Hauptgang: Willkommen im Himmel

Schön, dass du da bist! Endlich! Der irdische Kampf ist vorbei und alle Schwierigkeiten liegen hinter uns. Von nun an keine Schmerzen mehr, kein Leiden, keine Trauer und keinen Tod – schön wär's!

Momentan sind wir noch hier. Aber wie stellst du dir den Himmel vor? Was braucht es, damit du ewig zufrieden sein könntest? Ein schönes Haus mit Blick aufs Sternenmeer? Eine goldene Straße und ein schweres Motorrad, das Lichtgeschwindigkeit fährt? Oder ein endloses Dessertbuffet mit himmlischen Süßigkeiten?

Wie ist das im Himmel, den du dir vorstellst – würde es auffallen, wenn Jesus nicht anwesend wäre? Wärst du in deinem kleinen Paradies auch ohne Gott vollständig zufrieden?

Ich habe mich erschrocken, als ich mir diese Frage mit „JA" beantwortete. Mit meiner Vorstellung bin ich himmelweit davon entfernt davon, was unserem himmlischen Vater wichtig ist.

Gott sehnt sich nicht danach, unsere kleinkarierten Wünsche zu erfüllen. Er interessiert sich für uns! Gott will mit uns Menschen die Ewigkeit verbringen. Die goldenen Straßen, die in der Bibel beschrieben werden, sind nicht die Hauptsache.

Es geht ums Hochzeitsfest! Diese Megaparty, die in der Offenbarung des Johannes beschrieben ist, ist ein Bild für die die Vereinigung und das Zusammensein von Gott und Mensch: Jesus der Bräutigam und die Gemeinde seine Braut.

Das Erkennen dieser Tatsache, dass es im Himmel nicht um ein Schwelgen in Luxus geht, sondern um die innige Verbundenheit mit Christus, hat mein Leben aufgerüttelt und neu ausgerichtet. Die Beziehung zu Gott ist nicht ein Bonus zum Ticket in den Himmel – sie ist der Himmel! Mit Gott zu reden, auf ihn zu hören und Zeit mit ihm zu verbringen ist wichtiger als alles. Es ist das Einzige, das in dieser und in der zukünftigen Welt wirklich zählt.

Dessert: Auf Wanderschaft

Staub wirbelt auf. Beladene Kamele trotten durch den Wüstensand. Dazwischen Karren, die von Eseln gezogen werden. Und ringsherum Menschen. Alte, Junge, Schwangere, ein ganzes Volk zieht hier durch die Wüste. Eines der wichtigsten Ereignisse, von denen die Bibel berichtet, ist die Wüstenwanderung der Hebräer von Ägypten nach Israel. Moses erzählt in seinen Büchern vom Leben in der Wüste und der Hoffnung auf ein Daheim, das bleibend ist.

In Hebräer 13,14 steht: *„Denn wir haben hier keine bleibende Stadt, sondern die zukünftige suchen wir."* LUT. Ich verstehe mein Leben als eine Reise. Die Gebäude in denen ich wohne sind Stationen auf einem Weg. Ich bin auch ein Wüstenwanderer.

Ein Wüstenwanderer im übertragenen Sinne zu sein, finde ich spannend. Einer, der in seinem Leben noch nicht angekommen ist. Einer, der mit jedem weiteren Tag einen neuen Horizont entdeckt. Einer, der weiß, dass die schönsten Täler noch unentdeckt sind.

Wie lebst du dein Leben? Wie ein Sesshafter, der sich selbst genügt und jeden Tag am liebsten im gleichen Trott angeht? Oder wie ein Wanderer, der für jedes Abenteuer bereit ist?

Das Leben mit Jesus ist ein Abenteuer voller Überraschungen. Da kommt mehr auf uns zu als wir uns vorstellen können. In dieser Lebenszeit und erst recht in der Ewigkeit.

Glück erleben, Frieden finden, zur Ruhe kommen und dass die tiefsten Träume und Sehnsüchte gestillt werden. Mit diesen Worten beschreibt die Bibel die Zukunft mit Jesus. Da ist die Rede von Kindern, die mit Löwen spielen, von Bäumen die zwölf mal im Jahr Früchte tragen und von Blättern die jede Krankheit heilen. Goldene Strassen, glitzernde Flüsse und ein Leuchten, dass noch niemand je gesehen hat. Sie wird wirklich gut, die Zukunft mit Jesus – schon in diesem Leben aber auch darüber hinaus!

Ich wünsche mir, dass diese hoffnungsvolle Zukunftserwartung mein prägendes Lebensgefühl sein wird. Eine unbändige Freude darüber, dass das Beste noch kommen wird!

Anhang

Bildnachweise

Alle Menü-Titelbilder und das Cover stammen von www.pixabay.com. Sie sind dort als gemeinfrei bezeichnet für alle Arten von Nutzung fregegeben.

Seite 60, Teddy: Philipp Kohli

Seite 62, Borussia: Philipp Kohli

Seite 64, Perle: Mit freundlicher Genehmigung von MeteoSuisse.ch

Seite 65, Porsche: Philipp Kohli

Seite 74, Röntgen: Philipp Kohli

Seite 96,97, Kalb in Jauchegrube: Mit freundlicher Genehmigung des Feuerwehrkommandanten der Feuerwehr Frutigen.

Seite 107, Little Church: Philipp Kohli

Seite 133, Silvia: Philipp Kohli

Quellenangaben

Auto im Kirchendach: T-Online.de am 27. Januar 2010.

Billy Bray: *The Life of Billy Bray*, Fredrick William Bourne, Bridge Publishing UK, Monmouth, Gwent, UK, 1987.

Ein glücklicher Gewinner: Wikipedia, *Steven Bradbury*.

Flaschenpost: BBC News online, 29.3.2011.

Mutig, mutig: The Telegraph online, 18.7.2013.

Rotes Lämpchen bremst schnellen Porsche: Geschichte aus einer Ausstellung im Porsche-Museum in Zuffenhausen zu den Rennen von Le Mans, Mai 2014.

Wenn das Leben auseinanderbricht: Elizabeth Trotter in ihrem Blog *alifeoverseas – what if I fall apart on the mission field*, Juni 2014 http://www.alifeoverseas.com/what-if-i-fall-apart-on-the-mission-field/

Metallfeder im Käse: Bernerzeitung vom 6.8.2009

Kleiner Fehler, grosse Wirkung: Tagesanzeiger vom 1.9.2012 *Kopilot verwechselt Knöpfe und geht mit 117 Passagieren in Sturzflug.*

Teure Kamera: Sueddeutsche Zeitung, *Zerstörte Spezialkamera „Es sind Tränen geflossen"* 10. Mai 2011.

Tinka: Bietigheimer Zeitung im Frühling 2006.

Angriff in Falludscha: www.iamsecond.com *Chris Plekenpol.*

Vom Dunkeln ans Licht: Wikipedia *Grubenunglück von San José.*

Retter macht sich dreckig: Bernerzeitung vom 24. Januar 2012.

Wein rettet: Geschichte aufgeschnappt an einer Stadführung in Freiburg im Breisgau. Siehe auch www.hotel-oberkirch.de

Gemeinsam sind wir stark: Wikipedia *Löwe, Lebensweise, Ernährung.*

Lobpreis am Morgen: Wikipedia, *Wallace Koboldmaki.*

Gottes Bijouterie: Wikipedia, *Zwerg-Seepferdchen*

Luxusuhr im Gully: kentandessexdrains.co.uk *Drain cleaner finds rolex watches in Southend drains*, 23.2.2012.

Licht der Welt: police.be.ch *Madiswil, das Bahntrassse ist keine Strasse*, 22. August 2009.

Schönheitskonkurrenz: Bei dieser Sendung bin ich beim Zappen durch die Kanäle hängen geblieben und kann heute nicht mehr nachvollziehen auf welchem Sender und in welchem Format das gesendet wurde.

Ewiger Kalender: Die Uhrenfirma IWC in Schaffhausen verkauft verschiedene Modelle mit ewigen Kalendern, die Heute sogar noch über das im Input erwähnte Datum 2299 hinaus gehen.

Die zitierten Bibeltexte entstammen entweder der Hoffnung für Alle, der Neuen Genfer Übersetzung, der Lutherübersetzung 1984, der Gute Nachricht Bibel oder der Elberfelder Übersetzung (jeweils gekennzeichnet mit HFA, NGÜ, LUT, GNB oder ELB)

Dank

Meiner Familie Monika, Joas, Lian und Seraphine für all die bunten Abenteuer, die wir täglich erleben.

Meiner Arbeigeberin der Evangelisch Freikirchlichen Gemeinede in Bern für die langjährige positive Zusammenarbeit in der der Grossteil dieser Inputs im Rahmen des Predigtdienstes entstanden ist.

Dem Team von Radio Life Channel, das mir dabei geholfen hat, diese Inputs fürs Radio zu produzieren. Dabei sind viele Verbesserungsvorschläge mit eingeflossen. Im Besonderen danke ich Hanspeter Schmutz fürs Lektorat, dann Carmen Fenk, Hansjörg Keller und Felix Geeler fürs Coaching.

Anita Zimmerling Enkelmann danke ich für das professionelle, detaillierte und wohlwollende Lektorat dieses Buches sowie für die praktischen Tips und die Unterstützung bei der Umsetzung.

Kontakt

Philipp Kohli

Tulpenweg 105, 3098 Köniz,

+4179 588 68 22

gotteskuss@bluewin.ch

www.gotteskuss.ch

www.efgbern.ch

© 2016
Herstellung und Verlag: BoD – Books on Demand, Norderstedt.
ISBN: 9783743138766

Zu den Copyrights:

Grundsätzlich gilt Matthäus 10,8: *„Umsonst habt ihr's empfangen, umsonst gebt es auch."* LUT
Wer die Inhalte dieses Buchs kostenlos weiterverwendet und für Inputs, Andachten oder Predigten benutzt, darf dies gerne auch ohne besondere Absprache mit mir machen.

Wer hingegen die Inhalte dieses Buchs kommerziell ausserhalb des Rahmens von Andacht und Predigt nutzt, für den gilt: Alle Rechte vorbehalten, Veröffentlichung nur mit schriftlicher Erlaubnis des Autors, Köniz 2016.